P9-CED-228

31 DÍAS DE ALABANZA

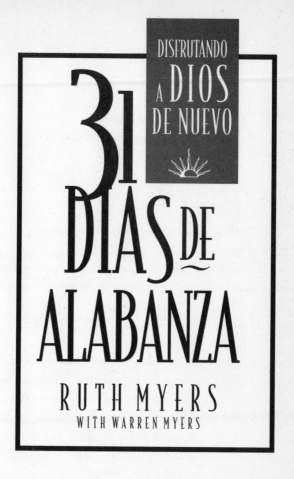

DISFRUTANDO A DIOS DE NUEVO

31 DÍAS DE ALABANZA

RUTH MYERS

WITH WARREN MYERS

Multnomah Publishers® *Sisters, Oregon*

31 días de alabanza
publicado por Multnomah Publishers, Inc.

© 2000 por Warren y Ruth Myers
ISBN: 1-57673-762-4

Impreso en los Estados Unidos de América

Todas las referencias bíblicas en esta edición son de la Nueva
Versión Internacional, a no ser que se indique lo contrario.

TODOS LOS DERECHOS RESERVADOS

Ninguna parte de esta publicación puede ser reproducida,
almacenada en un sistema de recuperación, o transmitida en
ninguna forma o por ningún medio: electrónico, mecánico, de
fotocopias, de grabación o de otra manera, sin previa
autorización por escrito.
Traducción: Graciela Lelli
Edición: Luis Marauri

Para información:
MULTNOMAH PUBLISHERS, INC.
P.O. BOX 1720.
SISTERS, OREGON 97759

00 01 02 03 04 05 06 07 — 31 30 29 28 27 26 25

ÍNDICE

Prólogo

31 días de alabanza es muy práctico. Le llega al alma y le acompaña en sus luchas. No es un libro que le diga que alabe porque "tiene que hacerlo" y "será bendecido" si lo hace. En cambio, le inspira y motiva a alabar de corazón.

Este libro trata de las realidades de vivir en un mundo perdido con relaciones que nos decepcionan, deseos sin satisfacer y sueños rotos. Lo encuentra donde usted está, en medio de su dolor y confusión, y le permite ver las cosas desde una perspectiva verdadera. Como resultado, aun a pesar de la aflicción, están presentes la alabanza y el gozo de una intimidad con Dios más profunda. La alabanza se vuelve una bendición porque es real, no simplemente una repetición de palabras.

Si usted es como algunos de nosotros, lucha con su propio pecado y fracaso más que con las circunstancias externas. Es posible que esté bajo una nube cargada de demasiada indignidad como para pensar en la alabanza. Tal vez cree que hasta que su vida no se mejore no está en condiciones para alabar.

Pero *31 días* penetra esa oscuridad y desesperación con la verdad, recordándole que acercarse a Dios no tiene nada que ver con sus logros; está basado solamente en el sacrificio de Cristo. Este libro le hará alzar los ojos para que pueda ver la pureza, el honor y la dignidad que Dios le ha dado a usted, su "amado." Esa visión correcta de sí mismo no es sólo inmensamente liberadora, sino que también trae gozo y una profunda alabanza.

Como profesora, conferencista y ex-decana de mujeres en el Colegio Bíblico Multnomah, he tenido la oportunidad de revisar muchos libros excelentes a través de los años. Sin embargo *31 días de alabanza* es el único que me ha inspirado a decir en mis conferencias: "Olvídense de comprar mis libros; *éste* es un libro que ustedes deben tener." En este último año he visto que más de mil ejemplares han sido comprados en mis seminarios.

La razón de mi entusiasmo es fácil de explicar: *31 días de alabanza* se conecta con los manantiales profundos del corazón. Trae sanidad. Pone en marcha la alabanza. Lo he visto cambiar la vida de muchos en este país, así como también en otros países.

Por lo tanto, sumérjase en *31 días de alabanza.* Si usted no sabe cómo comenzar a alabar, le abrirá el camino. Si tiene dificultad para expresar sus sentimientos, este libro le ayudará a decir lo que está en su corazón.

A medida que lo use día a día, aprenderá maneras nuevas y emocionantes de agradarle a Dios y glorificarlo. Descubrirá nuevamente el entendimiento de su Padre, su profunda y constante compasión por usted y el poder de su Palabra para satisfacer sus deseos y necesidades más profundos. Y sobre todo, experimentará el gozo sin barreras de tributarle a Dios la alabanza que merece.

DOCTORA PAMELA REEVE

ASESORA Y PROFESORA DEL COLEGIO BÍBLICO MULTNOMAH.

Agradecimientos especiales y algo de historia

Warren y yo hemos estado maravillados, y muy agradecidos, por el proceso de treinta años que Dios ha usado para el desarrollo de este libro.

La historia comenzó en los años sesenta, cuando yo escribí "Páginas de alabanza personal," un recordatorio mimeografiado de veinte días de cosas por las cuales alabar al Señor. Al comienzo de los setenta, yo estaba dando una serie de charlas en el Club Americano en Singapur y buscando un instrumento para ayudar a las mujeres a experimentar emociones positivas. El material de alabanza me vino a la mente, y lo expandí para incluir un mes entero de alabanzas diarias. A través de los años, Warren y yo hemos oído de gente que había obtenido copias y estaban usando el material de alabanza en esta forma rudimentaria.

Las páginas de alabanza llegaron a las manos de Gene Warr, un hombre de negocios, dedicado a Dios, de la ciudad de Oklahoma. Su esposa, Irma, había usado los días de alabanza por veinte años. Gene nos comenzó a presionar para que publicáramos el material en forma de libro. Finalmente él logró su propósito en 1991. Nos ayudó económicamente y reservó los primeros setecientos ejemplares para enviarlos como regalos de Navidad.

La asistente ejecutiva de Warren en Singapur, Lim Meng Lee, usó sus talentos creativos para ayudar a producir y promocionar el libro; y en tres años, se distribuyeron más de veinte mil ejemplares de la primera edición.

En 1994, Warren y yo trabajamos juntos revisando, puliendo y ampliando el libro para Multnomah Publishers.

Le damos reconocimiento por este libro a mucha gente, pero sobre todo estamos agradecidos al Señor, quien en su gracia soberana ha escogido usarlo ricamente en muchas vidas.

RUTH MYERS

PARTE I

Una introducción a la alabanza

Si usted está apenas comenzando a alabar y a adorar, está en el umbral de una gran aventura. Descubrirá que su misericordioso, poderoso y majestuoso Dios es más maravilloso de lo que se puede imaginar. Descubrirá ¡qué privilegio tan grande es alabarlo! Y ya sea que usted es una persona que está comenzando o alguien que ha entendido por mucho tiempo los beneficios de la alabanza, se dará cuenta de que mientras más glorifica al Señor, más él lo renovará y profundizará su conocimiento de él.

Se ha llevado años escribir este libro. Nació durante los años de mi viudez. Surgió de verdades que me han motivado por mucho tiempo a confiar y adorar al Señor en las distintas etapas y experiencias de mi vida, como una muchacha soltera en mi tierra natal; como una joven esposa viajando en Taiwán, las Filipinas y Hong Kong; durante los meses de intenso sufrimiento con cáncer de mi primer esposo, antes que el Señor lo llamara a su presencia; y durante los años como viuda con dos niños pequeños.

Entretejidas en este libro usted encontrará verdades sobre Dios que confirman las palabras de A. W. Tozer: "El hombre que tiene a Dios como su tesoro tiene todas las cosas en una, y las tiene puramente, legítimamente y para siempre."[1]

Y usted encontrará verdades que una y otra vez me han dejado sorprendida, permitiéndome que diera lugar a Dios en las experiencias de mi vida, ya sea que fueran gozosas o dolorosas. Verdades que ratifican las reflexiones de Hudson Taylor sobre Juan 7:37, escritas durante el tiempo en que su primera esposa, Maria, se murió:

"¡Si alguno tiene sed, que venga a mí y beba!"

¿Quién no tiene sed? ¿Quién no tiene sed en su mente o en su corazón, en su alma o en su cuerpo? Bueno, no importa cuál, o si las tengo todas: "Venga a mí y" ¿permanezca sediento? ¡Oh, no! "Venga a mí y *beba.*"

¿Qué? ¿Puede Jesús suplir mi necesidad? Sí, y más que suplirla. No importa cuán intrincado sea mi camino, cuán difícil mi servicio; no importa cuán triste sea mi aflicción, cuán lejos estén mis seres queridos; no importa cuán incapaz yo sea, o cuán profundos sean los

deseos de mi alma, Jesús puede suplirlos todos. Todos, y
más que suplirlos.[2]

Yo descubrí esto de una nueva manera después de que mi
primer esposo falleció a los treinta y dos años de edad. Sufrí y
derramé lágrimas; sentí profunda soledad, junto con la presión
de haber sido dejada sola para criar a dos niños pequeños.
Algunas veces me sentí abrumada al tener que tomar todas las
decisiones familiares.

A pesar de todo, al mismo tiempo descubrí brillantes rayos
de sol iluminando el corazón. Cuán agradecida estaba al Señor
por sus muchas bendiciones: por Brian y Doreen, y el gozo de
ser su madre; por otra gente en mi vida y su ayuda amorosa; por
respuestas especiales a la oración; y por pequeños deleites, tales
como ver una puesta de sol o la silueta de una rama
extraordinaria destacándose en el cielo.

Y aún más, el Señor me bendijo a través de tiempos de
alabanza y adoración, a menudo con lágrimas de gozo mezcladas
con tristeza.

Encontré un inmenso consuelo al expresarle al Señor mi
dolor por la pérdida de mi amado y luego permitirle hablarme
palabras de amor al corazón. Palabras como la primera parte de
Isaías 43:4: "Porque te amo y eres ante mis ojos precioso y digno
de honra." Entonces yo le decía cuán feliz me sentía de aún tener

conmigo a quien más amaba: "Gracias, Señor, que puedo disfrutar de tu amor, ¡el mejor amor de todos! Tu amor es intensamente personal; nunca falla. Y contigo puedo disfrutar de una intimidad mucho mayor de la que el ser más querido en esta tierra me puede ofrecer, porque tú vives en mí y estás conmigo en cada momento, día y noche." A medida que mi soledad me empujaba a amar y adorar al Señor en nuevas maneras, él me daba gozo en medio del dolor.

Como C. H. Spurgeon escribió, nuestras aflicciones no pueden dañar la melodía de nuestra alabanza; simplemente son las notas bajas en la canción de nuestra vida: "A Dios sea la gloria."

Los meses pasaron, luego los años, ocho en total, antes de que el Señor nos uniera a Warren y a mí. Y parece que Dios usó el dolor, la soledad y las perplejidades con el fin de ensanchar lugares en el corazón para experimentar un gozo más profundo que el que había conocido antes, especialmente el gozo de amarlo y alabarlo.

Descubrí que Dios también usó las dificultades con el fin de ensanchar lugares en el corazón de Warren para un conocimiento más profundo de Dios y una oración y alabanza más abundante. Así es como Warren lo describió:

Conocí al Señor en 1945, cuando era piloto de la
Fuerza Aérea. Mientras que él comenzó a atraerme a sí
mismo, puso en mi corazón un hambre por su Palabra y
un profundo deseo de conocerlo mejor. Esto me llevó a
extender los tiempos de oración y alabanza y de
gozarme con él.

Durante el año siguiente, él obró, dándome en el
corazón el deseo de hacerlo Señor de mi vida,
especialmente de mi vocación futura y mi matrimonio.
Mi compromiso fue algo así: "Señor, te pongo a cargo
de todo mi futuro, en cualquier lugar y cualquier
tiempo, con o sin alguien o algo."

Este compromiso trajo muchos beneficios
agradables. También me llevó a tiempos de duda y
lucha, especialmente con respecto al asunto de
encontrar una compañera para toda la vida. En maneras
muy variadas, el Señor cerró puertas a un número de
posibilidades brillantes. Finalmente, me interesé mucho
en una hermosa viuda, y le hablé de la posibilidad de
comenzar un noviazgo. La respuesta de Ruth fue muy
positiva, ¡siete años más tarde!

Yo tenía veintitrés años cuando hice a Cristo mi
Señor, entregándole mi futuro y mi matrimonio a él.

Tenía cuarenta y seis años cuando Ruth y yo nos casamos. Qué gozo ha sido vivir, trabajar, orar y alabar juntos por casi treinta años.

Trabajar juntos en los escritos finales de *31 días de alabanza* fue una experiencia cada vez más profunda para Warren y para mí. Disfrutamos de usar las páginas de alabanza, juntos y en nuestro tiempo personal de alabanza y oración.

Estamos asombrados y muy contentos de ver al Señor usando este libro en las vidas de muchos hombres, mujeres y jóvenes, en sus momentos más tristes así como en los mejores y en los intermedios. Una y otra vez la gente escribe para decirnos cómo Dios ha usado varios días de alabanza para transformar sus aflicciones y luchas en bendiciones. Oramos para que el Señor haga lo mismo con usted.

NUESTRA META: UN ESTILO DE ALABANZA

Los treinta y un días de alabanza en este librito han sido preparados para ayudarle a alabar y dar gracias tanto en sus momentos de bendición como en los de prueba. Estas páginas de alabanza ensancharán su vida de alabanza, y le ayudarán a desarrollar la práctica de "[dar] siempre gracias…por todo" (Efesios 5:20). Le ayudarán a cultivar un estilo de vida de alabanza.

Pero antes de que usted comience, echemos un vistazo a lo que es la alabanza y por qué es tan importante y más que un pasatiempo agradable.

¿Adoración, alabanza o acción de gracias?

En la Biblia, la alabanza está estrechamente vinculada a la adoración y la acción de gracias. Por medio de las tres honramos a Dios y nos gozamos con él.

Me ayuda pensar en la adoración como una hermosa corona adornada con dos joyas brillantes. Una joya es la alabanza; la otra, la acción de gracias.

A través de la Biblia las personas han expresado su adoración en varias maneras. Se han postrado ante Dios, a menudo con un sentido de temor, para honrarlo y mostrarle su devoción. Le ofrecieron regalos especiales, siendo ellos mismos el regalo más importante.

Hoy, como en los tiempos bíblicos, la adoración incluye el consagrarnos a Dios como nuestro Señor y Maestro. Vemos esto en Romanos 12:1, donde Dios nos pide que le ofrezcamos nuestros cuerpos, nuestras vidas, toda nuestra persona. Esto, dice él, es la verdadera adoración.

En una adoración espiritual genuina, nos postramos ante el Dios supremo, el más misericordioso, digno de confianza y maravilloso de todos los seres, y lo coronamos como Señor de todo lo que somos. Accedemos a su obra transformadora y bondadosa en nuestras vidas; estamos de acuerdo en que él puede obrar en nosotros para que estemos dispuestos y seamos capaces de hacer su voluntad. En otras palabras, escogemos dejarlo ser Dios en nuestras vidas. Éste es nuestro privilegio más grande, lo más importante que podemos hacer.

La adoración también incluye alabar a Dios, admirándolo, apreciándolo y dejándole saber cuán agradecidos estamos por sus poderosas obras y las bendiciones que derrama sobre nosotros. Así que la adoración incluye alabanza y acción de gracias. Como en los tiempos antiguos, las tres—la adoración, la alabanza y la acción de gracias—coinciden cuando glorificamos y nos gozamos con Dios. Algunas veces lo hacemos al hablar, algunas al cantar y algunas en silencio reverente.

En la acción de gracias, le expresamos nuestra gratitud al Señor por su amor y su bondad hacia nosotros y hacia otros, por sus actos de cuidado constantes y por sus dones, incluyendo las bendiciones espirituales que él derrama sobre nosotros.

En la alabanza admiramos a Dios por quien es y por lo que hace. La alabanza puede ser quieta y meditativa. Pero también puede incluir celebración y regocijo por la majestad y el esplendor del Señor, su soberanía, su poder ilimitado y su amor abundante, los cuales no merecemos en absoluto. En la alabanza exaltamos y magnificamos a nuestro maravilloso Dios. La alabanza incluye el hablarles muy bien de Dios a otras personas, así como hablarle directamente a él.

Entonces montadas en la corona de la adoración (el acto básico de ofrecer a Dios nuestras vidas y de honrarlo como Dios) están las joyas de la alabanza y la acción de gracias. Joyas que irradian la gloria de Dios, para su deleite y el nuestro.

Está bien si mezclamos la adoración, la alabanza y la acción de gracias en cualquier forma que queramos. A Dios no le preocupa en absoluto si decimos: "Gracias," cuando decirle, "Te alabo" o "Te adoro," podría ser más apropiado. Y no importa si nuestras palabras son vacilantes o elocuentes. Dios mira el corazón, y busca personas que simplemente quieran honrarlo.

Encuentro que mi adoración es más rica cuando le ofrezco al Señor alabanza y acción de gracias por tres cosas: *quién es, lo que hace y lo que da.*

Vez tras vez, las Escrituras nos animan a adorarlo, alabarlo y darle gracias.

Así que ofrezcamos continuamente a Dios, por medio de Jesucristo, un sacrificio de alabanza, es decir, el fruto de los labios que confiesan su nombre. (Hebreos 13:15)

Sean llenos del Espíritu…Canten y alaben al Señor con el corazón, dando siempre gracias a Dios el Padre por todo, en el nombre de nuestro Señor Jesucristo. (Efesios 5:18–20)

Estos versículos me recuerdan las palabras de David en el Salmo 34:1: "Bendeciré al Señor en todo tiempo; mis labios siempre lo alabarán." Y el hombre envejecido escribió en el Salmo 71:8,14: "Mi boca rebosa de alabanzas a tu nombre, y todo el día proclama tu grandeza…más y más te alabaré."

Nosotros también podemos tener vidas llenas de alabanza y acción de gracias.

¿Alabar en todo tiempo?

¿Dar gracias en toda situación?

Puede ser que una vida de alabanza le atraiga. Pero ¿qué implica? Puede ser que usted esté desconcertado sobre lo que significa alabar continuamente y dar gracias siempre, en cada situación. ¿No le llevaría esto a negar sus sentimientos verdaderos? ¿Quiere decir que cuando se golpea un dedo del pie o se da un martillazo en el dedo pulgar, su reacción espontánea debe ser: "Gracias Señor"? ¿No es poco sincero el dar gracias si usted no se siente agradecido?

Varias cosas me han ayudado a responder estas preguntas.

Una es que la Biblia no nos ordena que nos sintamos agradecidos en toda situación, ni que fabriquemos sentimientos positivos. En vez de eso, nos ordena que demos gracias (1 Tesalonicenses 5:18). Como el doctor John G. Mitchell, cofundador de la Escuela de la Biblia Multnomah, dijo: "El dar gracias cuando usted no siente el deseo de hacerlo, no es hipocresía, es obediencia."

Esto no significa que usted debe negar sus pensamientos, sentimientos y actitudes negativos, barriéndolos debajo de una alfombra emocional interior. No significa que debe reprimirlos en alguna caverna profunda donde, vez tras vez, pueden aparecer en su mente, presionarlo a hacer elecciones no sabias e infiltrarse a través de sus defensas para contaminar la atmósfera emocional a su alrededor.

Note que David y los otros salmistas fueron sinceros sobre sus sentimientos, enfrentándolos y hablándole a Dios de ellos. Ellos sabían abrir sus corazones delante de Dios (Salmo 62:8). A menudo ellos alabaron a Dios primero, y luego expresaron sus inquietas emociones, sus perplejidades, hasta sus quejas. Ellos no negaron sus sentimientos ni simplemente los pasaron por alto. Tampoco nadaron en ellos hasta hundirse. Y tampoco parece que pospusieron sus alabanzas hasta que tomaran control de sus emociones y se sintieran mejor. En cambio, mezclaron una expresión sincera de sus sentimientos con una honrosa alabanza a Dios.

Tome, por ejemplo, al Salmo 42. El salmista compuso esta canción en un tiempo de exilio y opresión, cuando se sentía profundamente turbado y abatido. La gente estaba diciendo: "¿Dónde está tu Dios, por qué no hace algo por ti si él es el Dios viviente y verdadero?" El salmista le dijo a Dios cuán turbado estaba su corazón. Pero aun cuando lo hacía, honró a Dios, hablando de él como "el Dios viviente, mi Dios, el Dios de mi vida, Dios mi roca, quien me da tranquilidad." Cada una de sus referencias a Dios mostró su deseo de exaltarlo y glorificarlo. Y le aseguró a su alma que otra vez vendría el tiempo cuando podría unirse nuevamente a la adoración festiva en la casa de Dios y alabar al Señor por su liberación. El salmo 43, escrito en una situación similar, también honra a Dios en maneras muy especiales: "Mi Dios y mi fortaleza...Dios de mi alegría y mi deleite."

¿Qué sucede cuando seguimos el ejemplo del salmista, cuando expresamos nuestras impresiones y nuestros sentimientos, pero aun así elegimos seguir alabando a pesar de cómo las cosas se nos presentan? Encuentro que tarde o temprano (a menudo temprano) el Señor me libera de permanecer esclavo de mis emociones inquietantes. Desata los fuertes nudos dentro de mí y apacigua mis emociones, aunque tal vez no conteste mis preguntas sobre cómo él está ocupándose de mis asuntos. Y cuando algunas veces la alabanza no trae libertad interior y gozo rápidamente, puedo decir: "Señor, no puedo alabarte en la misma forma que lo hice la semana pasada (o el año pasado). Parezco no responder a ti con el mismo sentido de deleite y celebración. Pero yo escojo ponerte en alto, alabándote por quien eres y lo que significas para mí."

La vida y la alabanza no son siempre una fiesta de pura y simple alegría. ¿No ha encontrado que en muchas situaciones usted puede experimentar emociones placenteras y desagradables al mismo tiempo? Como Pablo, usted puede estar "triste, pero siempre alegre" (2 Corintios 6:10). Usted puede lamentarse y sufrir en este mundo perdido, aun así usted puede aprender a regocijarse. Usted puede aprender a triunfar en su esperanza, en sus tribulaciones, en las cosas buenas que ellas producen en su vida y sobre todo, en Dios mismo (Romanos 8:22–23; 5:2, 3, 11).

¡Usted tiene ayuda sobrenatural!

Otra ayuda en su adoración (tal vez la mayor) es el Espíritu Santo, ese don maravilloso enviado por nuestro Señor resucitado a habitar en nosotros y darnos autoridad. El Señor no ha puesto frente a nosotros el ideal de una vida llena de alabanza para dejarnos alcanzarla solos. ¿Cómo podríamos, por nosotros mismos, alcanzar tal meta, con nuestros patrones de vida carnales arrastrándonos hacia abajo; con el dolor de nuestros problemas, grandes o pequeños, y con nuestra tendencia a depender de nosotros mismos y distraernos del Señor y hacer las cosas a nuestra manera? ¡Pero tenemos el Espíritu Santo! ¡Sólo piense en lo que esto significa!

Él está dentro de usted como una fuente de agua, brotando para llenarlo con vida fresca, vida que es eterna, vida que está llena. Por medio de él, vez tras vez, usted puede conocer la renovación que viene de estar en la presencia del Señor. Por medio del Espíritu puede entender las Escrituras y experimentar las cosas maravillosas que Dios le ha dado libremente en Cristo. Por medio de él usted está vinculado en una unión vital con el Padre y el Hijo, y tiene todo lo que necesita para la vida y la santidad. Tiene todo lo que necesita para inspirarle a alabar: consuelo, ánimo, gozo inefable, esperanza rebosante, fuerza en su ser interior y poder para amar y servir.

También tiene poder para alabar y dar gracias: "Sean llenos del Espíritu…dando siempre gracias a Dios el Padre por todo" (Efesios 5:18–20). Usted no tiene que suplicarle al Espíritu Santo que lo llene; él está deseoso de hacerlo. No tiene que ganarse su llenura, probando que se la merece. Sólo tiene que dejar que el Espíritu lo llene, estar de acuerdo en vivir bajo su influencia y control bondadosos. Entonces él realiza sus asombrosos ministerios en usted. Entre ellos: él le inspira, recuerda y capacita para adorar, alabar y dar gracias.

Hay que cultivar la alabanza

Si Dios nos invita a alabarlo, si la alabanza enriquece tanto nuestra experiencia con él y si tenemos al Espíritu Santo habitando dentro de nosotros, ¿por qué lo descuidamos tan fácilmente? ¿Por qué no somos atraídos todo el tiempo a alabar así como las abejas son atraídas a la miel?

Yo he adorado al Señor por muchos años; sé cuán agradable es la alabanza y cuánto estimula mi fe. ¿Entonces por qué me pongo tan ocupada, aun en mi tiempo de quietud, que dejo pasar la oportunidad de exaltar y adorar a mi maravilloso Señor? ¿Por qué, vez tras vez, estoy tan ocupada y absorbida por las presiones de la vida diaria que olvido todo sobre la alabanza? ¿Y por qué a veces estoy renuente a alabar en medio de las pruebas cotidianas: cuando me entero de algo que me pone ansiosa sobre alguien que amo, cuando me enfrento a una gran desilusión o cuando estoy enojada o baja mucha presión?

¿Podría ser que una de las mayores estrategias de Satanás es la de apartarnos de la alabanza? Después de todo, él sabe que Dios se deleita en nuestra alabanza, y eso no lo hace exactamente feliz. También detesta los abundantes beneficios que la alabanza nos trae a nosotros y a otros. ¿O es simplemente que nuestra carne prevalece sobre nuestro espíritu, ahogando nuestro deseo de glorificar a Dios? ¿Pudiera ser un poco de ambos?

Cualquiera que sea la razón, necesitamos orar por un estilo de vida de alabanza como lo hizo Horacio Bonar hace un siglo:

> Llena mi vida, oh Señor mi Dios,
>
> en cada lugar con alabanza,
>
> que todo mi ser proclame
>
> tu ser y tus caminos.
>
> No pido labios de alabanza solamente;
>
> ni aun el corazón que alaba,
>
> sino una vida hecha
>
> de alabanza en cada parte.[3]

O como el compositor de canciones, Robert Robinson, oró en "Come, Thou Fount" ["Ven, tú, fuente"]:

> Ven, tú, fuente de toda bendición,
>
> afina mi corazón para cantar tu gracia;
>
> manantiales incesantes de misericordia,
>
> llaman canciones de la más fuerte alabanza.

A pesar de todo lo que Dios ha provisto, incluyendo la presencia y el poder del Espíritu Santo, nosotros no lo alabamos ni le damos gracias automáticamente. Tampoco usted encontrará que de repente la alabanza florecerá al máximo, tan pronto como comience a orar al respecto. La alabanza florece a medida que usted arranca la mala hierba, riega y fertiliza su jardín espiritual, en el cuál crece. Se vuelve más constante a medida que usted nutre su alma de la Palabra de Dios y camina en sus caminos, dependiendo del Espíritu Santo. Se vuelve más abundante y espontánea a medida que usted crece en el conocimiento de cuán digno es el Señor de recibir honor, gloria y alabanza.

Pero ni aun así la alabanza fluye automáticamente de su vida día tras día, hora tras hora. Usted debe escoger cultivar el hábito de la alabanza, tomando pasos que llenarán su vida de ella.

Al usar la Parte II, "31 días de alabanza," encontrará que el alabar a Dios es una aventura emocionante que trae abundantes beneficios. Las lecturas de alabanza le ayudarán a dar sentido a las duras realidades de la vida. Y lo mejor de todo es que le ayudarán a profundizar su conocimiento de cuán inmensamente maravilloso es Dios, cuán amoroso, cuán capaz de satisfacer su corazón y sus necesidades más profundas.

Cómo usar las páginas de alabanza

Usted encontrará que cada día de alabanza en la Parte II es una forma valiosa de comenzar su tiempo de quietud y de terminar su día, reflexionando en cada lectura antes de ir a dormir. Subraye las frases que más te toquen el corazón. También ponga una marca al lado de las cosas que usted necesita aceptar con acción de gracias, aunque no sienta el deseo de hacerlo. Pídale al Señor que le haga una obra especial en el corazón en estas áreas.

Su respuesta a algunos de estos tópicos de alabanza puede ser: "¿Cómo puedo agradecer al Señor por esto?" Si esos son sus sentimientos, no decida: "Me imagino que estas páginas de alabanza no son para mí." En vez de eso, ore sobre su respuesta. Si simplemente fuera asunto de aplicar de una manera diferente lo que usted ha aprendido en las Escrituras, siéntase en libertad de expresar su alabanza en otras palabras. Pero si encuentra un bloqueo emocional en el corazón, busque abrirse al Señor en el asunto que le preocupe. En caso de que él esté poniendo su dedo en algo importante, vuelva a menudo a ese día de alabanza, pidiéndole al Señor que haga una nueva obra dentro de usted.

Cada lectura incluye una lista de Escrituras citadas o aludidas para ese día. La lista de los versículos se ha hecho por párrafos en el orden que se suceden. Usted puede enriquecerse y ser renovado al meditar en estas Escrituras, ya sea antes o después de su tiempo de alabanza.

Todas las referencias en español son tomadas de la Nueva Versión Internacional.

Usted puede usar el espacio extra en las páginas para cosas que harán que su alabanza sea más personal y reconfortante, tales como:

—**Versículos bíblicos o partes de versículos**

Busque las referencias bíblicas para ese día y medite en ellas. Escriba los pasajes que tienen mayor significado para usted, junto con otros versículos especiales o pensamientos que lo bendicen. Usted también puede usar estos versículos bíblicos para estudio y debate en grupos pequeños. Puede serle de ayuda el buscar los versículos en dos versiones: en una traducción más literal, como la Reina-Valera de 1960 o la Nueva Versión Internacional, y en una traducción más liberal, como La Biblia al Día.

—**Hechos sobre su situación en la vida**

Agregue asuntos personales que harán su alabanza y su acción de gracias más amplias, más significativas para usted, tanto cosas agradables como aquellos temas que le son difíciles y dolorosos. Ellos le recordarán invitar a Dios a su experiencia interior en nuevas formas mes tras mes.

Use las páginas de alabanza sin apuro, haciendo una pausa

aquí y allá para permitir que calladamente, su corazón aprecie, adore o admire a su maravilloso Señor. Tome tiempo para deleitarse en quién es Dios y gozar a la luz de su presencia.

No espere hasta después de haber disfrutado de todas las páginas de alabanza para leer las Partes III y IV. Desde el comienzo lea de la página 111 a la 148. Usted aprenderá más sobre las maneras enriquecedoras y emocionantes en que su aventura de alabanza lo recompensará, y eso será un poderoso aliciente para continuar la alabanza mes tras mes.

Usted también encontrará respuestas a algunas de sus preguntas. Y obtendrá conocimientos que agregarán a su deleite en muchas de las cosas por las que usted alabará al Señor a medida que avanza a través de los días de alabanza.

También, querrá ir a la página 145: "Su acto más básico de adoración," para renovar su compromiso con su maravilloso Señor.

También disfrutará de hacer uso de los días de alabanza con su pareja, su familia o su compañero de cuarto o en un pequeño grupo de estudio y debate.

He personalizado la mayoría de las referencias en estas páginas, incluyendo aquellas de la Biblia, para ayudarle a usarlas más fácilmente en la alabanza. De la misma manera, tal vez usted también quiera personalizar los versículos que agregue.

Mi deseo es que el Señor use estos treinta y un días de alabanza para ayudarle a usted, y para ayudarme a mí, en tres maneras: a conocer a Dios más plenamente en las variadas necesidades y situaciones de nuestras vidas; a ser un gozo cada vez mayor para él; y a darle gloria a su nombre en nuevas formas.

1. A. W. Tozer, *The Pursuit of God* [*En pos de Dios*] (Harrisburg, Pa.: Christian Publications, Inc., 1948), 20.

2. El doctor y la señora Howard Taylor, *Hudson Taylor's Spiritual Secret* [*El secreto espiritual de Hudson Taylor*] (Londres, Filadelfia, Toronto, Melbourne y Shanghai: China Inland Mission, 1935), 122.

3. Horacio Bonar, "Fill Thou My Life" ["Llena tú mi vida"], *Christian Worship* (Exeter, England: The Paternoster Press, 1976), 18.

PARTE II

DIA

I

Mi corazón se regocija en ti, Señor, porque tú eres mi refugio fuerte en tiempos de aflicción, peligro y opresión; mi refugio a quien continuamente acudo; mi Padre que provee para mí amorosamente; mi Pastor que me guía y me protege; mi Héroe que defiende mi causa como la de su hijo y defiende mis intereses más altos; mi Novio que se deleita en mí; mi Dios que es poderoso para salvar, que descansa en su amor por mí y se regocija sobre mí con cántico, con gritos de júbilo. Tú eres mi herencia, mi porción en la vida, él que satisface todos los anhelos de mi alma y llena mi alma hambrienta con bondad.

Te alabo por tu amor y tu sabiduría. Tú eres demasiado sabio para cometer un error, demasiado amoroso para hacer algo cruel. Actúas de mi parte, llevando a cabo lo que tiene que ver conmigo y cumpliendo tu propósito para mí, a medida que clamo a ti. Gracias por amarme profunda y tiernamente. Eres compasivo y misericordioso, lleno de bondad, listo para perdonar, pacientemente considerado y más generoso de lo que me puedo imaginar. Deseas mi amor y te regocijas en hacer cosas buenas para mí. Te deleitas en concederme

los deseos de mi corazón cuando encuentro mi

deleite en ti. ¡Cuán precioso es tu amor para mí,

oh Dios! ¡Canto de gozo mientras me refugio a la

sombra de tus alas!

El que habita al abrigo del Altísimo se acoge a la sombra
del Todopoderoso. Yo le digo al Señor: "Tú eres mi
refugio, mi fortaleza, el Dios en quien confío."

SALMO 91:1-2

Referencias bíblicas (por párrafo)

1. Salmo 27:5; 71:3; 91:1–2; Mateo 6:25–26; Salmo 23:1–3; Isaías
   62:5b; Sofonías 3:17–18; Salmo 16:5–6; 107:9

2. Salmo 57:2; 138:8; 86:5; 103:8; Mateo 22:37; Jeremías 32:41;
   Salmo 37:4; 36:7; 63:7

D I A 2

Gracias Padre, porque amaste tanto al mundo que diste a tu Hijo unigénito, nuestro Señor Jesucristo, y cuando se cumplió el tiempo, él se cubrió a sí mismo de forma humana, naciendo como un bebé indefenso en una familia pobre. Gracias porque él caminó aquí en la tierra irradiando el resplandor de tu gloria y expresando tu naturaleza impecablemente. Y así, por medio de él, la gente te vio en acción, involucrado con ellos, dispuesto a suplir sus necesidades. Gracias porque él enfocó tu poder omnipotente en la vida de gente común con profundas necesidades, como yo, y porque predicó el evangelio al pobre, proclamó libertad a los prisioneros del pecado, devolvió la vista a los ciegos y libertó a las víctimas oprimidas por el pecado y Satanás: el esclavizado, el perdido, el herido, el quebrantado. Gracias por la manera en que él reprendió al arrogante y favoreció al humilde, abriendo ampliamente la puerta de su reino a aquellos que estaban necesitados e indefensos en espíritu. ¡Me deleito en tus tiernas misericordias, oh mi Dios, de quien ha venido a nosotros el Amanecer de lo alto!

Gracias porque por medio de los evangelios puedo ver a tu Amado caminando entre gente común. Puedo escuchar las palabras misericordiosas que salieron de sus labios. Puedo ver su compasión y ternura hacia los necesitados, su enojo contra la hipocresía, su fidelidad, su amor intenso por sus seguidores.

Hermoso Señor Jesús, sólo tú eres el deseo de mi corazón, el deleite supremo, gloria, gozo y corona de mi alma. Todo beneficio que la vida ofrece no es nada, comparado con la abrumadora ganancia de conocerte. Tú eres digno, Señor, digno de que te demos gracias, te alabemos y te adoremos.

Referencias bíblicas (por párrafo)

1. Juan 3:16; Gálatas 4:4; Hebreos 1:3; Lucas 4:18–19; Mateo 5:3; Lucas 1:78

2. Lucas 4:22; Mateo 9:36; 15:32; 23:37; 23:13–33; Juan 13:1

3. Salmo 45:2; Cantar de los Cantares 5:16; Filipenses 3:8

DIA 3

Te alabo porque el Señor Jesús vivió su vida sin pecado, en acuerdo total con la realidad, sin falsedad, sin engañarse a sí mismo, sin secretos oscuros, sin nada de que lamentarse, nada de qué sentirse avergonzado; porque él proclamó la verdad, el fundamento absolutamente digno de confianza para nuestra forma de pensar y vivir. Gracias porque él se deleitó haciendo tu voluntad, porque se apartó para pasar tiempo a solas en tu presencia; porque estuvo atento a tu voz y fue sensible a tus obras; porque vivió en completa dependencia de ti; para que tú en él hablaras aquellas palabras bondadosas y dadoras de vida e hicieras aquellas obras poderosas.

Gracias porque él demostró cómo debo vivir y servir, completamente dependiendo de él como mi Señor que vive dentro de mí, centrándome en su vida mientras caminó en la tierra y contemplando su gloria, "la gloria del unigénito" que vino de ti, lleno de gracia y de verdad. Qué gozo es saber que mientras concentro mi atención en él, tú me transformas a su imagen por tu Espíritu que mora en mí. Obras en mí aquello que es agradable delante de tus ojos. Fortaleces mi corazón en toda buena obra y toda palabra buena, de tal manera que honro a Cristo cada vez más por la forma en que vivo.

Así, todos nosotros, que con el rostro descubierto reflejamos como en un espejo la gloria del Señor, somos transformados a su semejanza con más y más gloria por la acción del Señor, que es el Espíritu.

2 CORINTIOS 3:18

Referencias bíblicas (por párrafo)

1. Hebreos 4:12; Mateo 7:24–28; Salmo 40:8; Marcos 1:35; Lucas 5:16; Isaías 50:4; Juan 5:19; 6:57; 14:10

2. Juan 15:5; 1:14; 2 Corintios 3:18; Hebreos 13:21: 2 Tesalonicenses 2:17; Filipenses 1:20

DIA 4

Te amo, Padre, porque tú me amaste primero y enviaste a tu Hijo a expiar mis pecados. Y estoy maravillado porque Jesús, quien por naturaleza siempre ha sido Dios, no se aferró a sus derechos como siendo igual a ti; porque él dejó a un lado sus privilegios para nacer como un ser humano; porque se humilló totalmente a sí mismo, sometiéndose a la muerte de un criminal común, soportando humillación y dolor infinitos; porque en la cruz tú pusiste sobre él todo el peso de mis pecados, mi culpa y mi vergüenza, así como todos mis dolores y pesares, y él se hizo pecado por mí, sufriendo la muerte que yo merecía.

Y cuánto te alabo porque fue imposible para la muerte retenerlo en su poder; porque lo resucitaste de entre los muertos para ser mi Salvador, para hacerme justo ante tus ojos; porque lo exaltaste hasta lo sumo, dándole una posición infinitamente superior a cualquier dominio, autoridad, poder o control concebible, tanto natural como sobrenatural. Gracias porque él es el Gran Sumo Sacerdote; porque es capaz de salvarme completamente; porque vive para siempre y ora por mí y por todos los que hemos venido a ti por medio de él. Te glorifico, mi Padre, con gratitud y gozo.

Y me postro a los pies de él que estuvo muerto y ahora vive por los siglos de los siglos. Lo exalto, me rindo a él, porque es digno de que le exprese mi agradecimiento con todo mi ser: "Digno es el Cordero, que ha sido sacrificado, de recibir el poder, la riqueza y la sabiduría, la fortaleza y la honra, la gloria y la alabanza."

Sin embargo, Dios lo resucitó, librándolo de las angustias de la muerte, porque era imposible que la muerte lo mantuviera bajo su dominio.

HECHOS 2:24

Esta es una buena oportunidad para que comience a usar: "Su acto más básico de adoración," que encontrará en la página 145.

Referencias bíblicas (por párrafo)

1. 1 Juan 4:10; Filipenses 2:6–9; Isaías 53:3–12; 2 Corintios 5:21

2. Hechos 2:24; Romanos 4:25; Efesios 1:20–22; Hebreos 8:1; 7:25

3. Apocalipsis 1:18; 5:12

DIA 5

Te magnifico, oh Señor, exalto tu nombre, porque tú eres grande y digno de ser alabado. Te alabo por el esplendor de tu majestad y el poder de tus obras que inspiran asombro. Tu poder es ilimitado, absoluto, más allá de toda imaginación. Tú eres capaz de hacer inmensurablemente más de lo que podemos pedir o soñar. "No hay nada demasiado difícil para ti." ¿Quién es como tú, "majestuoso en santidad, maravilloso en alabanzas, que haces maravillas"?

Oh Señor Altísimo, tú reinas sobre los cielos y la tierra, porque hiciste todas las cosas por tu gran poder, y las mantienes en existencia y obrando por tu poderosa Palabra. Tú eres exaltado más allá de cada estrella y galaxia en el universo entero; sin embargo, también eres "el Dios de la humanidad," el Dios grande, personalmente presente, personalmente involucrado, que ama, rescata y cuida a todos los que en ti confían. Tú ejerces tu misericordiosa autoridad sobre todas las naciones y sobre cada individuo en todo el mundo. No hay otro como tú, el Dios verdadero, el Dios viviente, el Rey eterno.

Te alabo por tu soberanía sobre los vastos acontecimientos de mi vida y sobre los detalles. Contigo, nada es accidental, nada es incidental y ninguna experiencia es desperdiciada. Tú sostienes con tu propio poder mi aliento de vida y todo mi destino. Y cada prueba que permites que suceda es una plataforma en la que te revelas, mostrando tu amor y poder, tanto a mí como a aquellos que están mirando. Gracias que puedo dirigirme hacia el futuro sin estar a la defensiva, con manos extendidas hacia adelante, porque tú sostienes el futuro y siempre estarás conmigo, hasta mi vejez y por la eternidad.

¡No hay nadie como tú, Señor!
¡Grande eres tú, y grande y poderoso es tu nombre!
JEREMÍAS 10:6

Referencias bíblicas (por párrafo)

1. Salmo 145:3, 5–6; Efesios 3:20; Jeremías 32:17; Éxodo 15:11

2. Hebreos 1:3; Jeremías 32:27; 10:6–7

3. Daniel 5:23d; Isaías 46:4; Hebreos 13:5

DIA **6**

Te exalto, mi Dios, por tu absoluta pureza, santidad y justicia, como el Juez al que todos deben rendir cuentas. Te alabo porque tu imparcialidad está firmemente unida a todo lo que haces; porque al debido tiempo acabarás con todo pecado e injusticia, toda corrupción, toda inmoralidad; porque corregirás todo lo malo y premiarás todo servicio amoroso y todo sufrimiento por tu causa.

Gracias porque tu Hijo regresará del cielo con un grito de triunfo, los muertos en Cristo resucitarán incorruptibles y en un instante, en un abrir y cerrar de ojos, seremos completamente transformados. Veremos el resplandor de su rostro y la gloriosa majestad de su poder. ¡Será una maravilla impresionante y un esplendor inimaginable para todos los que creen! Gracias porque "cualquier cosa que tengamos que experimentar ahora no es nada en comparación con el futuro glorioso" que tú has planeado para nosotros.

Qué gozo es saber que el gobierno estará sobre los hombros de Jesús, que su gobierno y su paz se extenderán sin que tengan fin y que su reino será establecido con justicia y santidad de allí en adelante y para siempre. Tu reino es un reino eterno, un reino que no puede ser movido. Tú nunca serás derrocado; jamás ningún golpe de estado te destronará. Por la eternidad tú eres el Rey de reyes y Señor de señores. A ti sea la gloria y el dominio por los siglos de los siglos. ¡Amén!

Fíjense bien en el misterio que les voy a revelar: No todos moriremos, pero todos seremos transformados.

1 CORINTIOS 15:51

Referencias bíblicas (por párrafo)

1. Salmo 99:3,9; Daniel 4:37; Romanos 14:12; Deuteronomio 32:4; Isaías 2:10–12; Romanos 12:19; Hebreos 6:10

2. 1 Tesalonicenses 4:16: 1 Corintios 15:51–52; 2 Tesalonicenses 1:6–10; Romanos 8:18

3. Isaías 9:6–7; Daniel 4:34; Hebreos 12:28; 1 Timoteo 6:15; Apocalipsis 19:6; 1:6

DIA 7

Te glorifico por la Biblia, ésa maravillosa revelación escrita de ti y de tu plan. Como la nieve y la lluvia descienden del cielo para suplir nuestras necesidades, así tú has condensado en forma escrita tus pensamientos, que son inmensamente más altos que los pensamientos humanos. Estoy tan agradecida porque te interesó comunicarte con nosotros en esta forma clara, inmutable y siempre accesible; porque tus pensamientos estén siempre disponibles para renovarme, alimentarme y enseñarme, y porque tú aún eres un Dios comunicador, diciéndome estas palabras cuando te presto atención, mientras leo y medito con un corazón que escucha. Qué privilegio es guardar tu Palabra en el corazón, donde la puedes usar en todo momento para bendecirme y guiarme, para guardarme de pecar contra ti y para ser una fuente inagotable de palabras inspiradas, que el Espíritu puede traer a mi memoria para ayudar a otros.

Gracias porque en tu Palabra puedo ver tu rostro y escuchar tu voz. Puedo descubrir tu voluntad y tus normas para vivir y servir. Puedo desarrollar una fe y una seguridad más profundas.

Gracias porque el Espíritu Santo inspiró tu

Palabra y la usa para iluminarme, guiarme y

transformarme, cada vez más, a tu semejanza, de

un grado de gloria a otro.

Toda la Escritura es inspirada por Dios y útil para enseñar, para reprender, para corregir y para instruir en la justicia, a fin de que el siervo de Dios esté enteramente capacitado para toda buena obra.

2 TIMOTEO 3:16-17

Referencias bíblicas (por párrafo)

1. Isaías 55:8–11; Salmo 119:11

2. 2 Pedro 1:20–21; 2 Corintios 3:18

DIA **8**

Te doy gracias, oh Dios, y estoy maravillada de ti, porque soy una creación admirable. ¡Maravillosas son tus obras! Gracias porque me diseñaste y creaste excepcionalmente, con el mismo cuidado y precisión que usaste al crear el universo; porque me formaste con amor totalmente de acuerdo con tus especificaciones; porque me entretejiste con gran perfección en el vientre de mi madre.

Estoy agradecida porque mi apariencia, mis habilidades y mi personalidad son como el marco de un cuadro especial en el que muestras tu gracia y belleza, tu amor, tu poder y tu fidelidad, para alabanza de tu gloria. Me regocijo porque me has dado dones para los propósitos especiales que tienes en mente para mi vida. Te doy gracias por tu amorosa sabiduría al permitir que sucedieran las cosas que han ejercido influencia en mi vida, las cosas que me han preparado el corazón para reaccionar a ti y vivir para tu gloria. ¡Tal vez no hubiera acudido a ti si las cosas hubieran sido diferentes!

Es maravilloso saber que tú no estás

insatisfecho en lo más mínimo con mis talentos
naturales, ni con mi inteligencia, aptitud,
apariencia y personalidad, porque tus manos me
han hecho y formado. ¡Yo soy una de tus obras
maestras originales!

Te adoro y me postro ante ti, mi Hacedor.

Tú creaste mis entrañas;
me formaste en
el vientre de mi madre.
¡Te alabo porque soy una creación admirable!
¡Tus obras son maravillosas,
y esto lo sé muy bien!

SALMO 139:13-14

Referencias bíblicas (por párrafo)

1. Salmo 139:13–16

2. Efesios 1:6,12; Romanos 12:3–6; Salmo 119:67,71

3. Salmo 119:73

4. Salmo 95:6

D I A **9**

Te adoro, amado Señor, como el Creador todo sabio, él que hizo los cielos y la tierra, y todo lo que hay en ellos, y vio que todo era muy bueno. Te alabo por el honor de ser hecho a tu imagen, personalmente formada por ti para tu gloria, y de ser dotado espiritualmente como a ti te agradó. Gracias por cada punto fuerte, habilidad y característica deseable que me has dado. ¡Sin duda, tú has sido bueno conmigo, oh Señor!

Gracias porque puedo disfrutar de mis puntos fuertes y mis dones sin orgullo o falsa modestia, mientras te atribuyo todo el mérito por ellos, alabándote a ti en vez de felicitarme a mí mismo. ¿Qué tengo que no recibí de ti? Todo lo que soy y todo lo que tengo viene de ti, y quiero que todo te glorifique a ti. No a mí, oh Señor, no a mí, sino a tu nombre sea la gloria.

Yo te doy gracias específicamente por:

_____

_____

_____

_____

Cuando contemplo tus cielos,
obra de tus dedos,
la luna y las estrellas que allí fijaste,
me pregunto: ¿Qué es el hombre,
para que en él pienses?
¿Qué es el ser humano, para que lo tomes en cuenta?
Pues lo hiciste poco menos que un dios,
y lo coronaste de gloria y de honra.

SALMO 8:3-5

Referencias bíblicas (por párrafo)

1. Génesis 1:31, 27; Salmo 8:3–6; Isaías 43:7

2. Juan 3:27; 1 Corintios 4:7; Romanos 12:3–6; 1 Pedro 4:10;
   Romanos 11:36; Salmo 115:1

DIA

10

Escojo darte gracias por mis debilidades, mis dolencias, mis insuficiencias (físicas, mentales, emocionales y relacionales); por las formas en que no llego al nivel de lo que otra gente ve como el ideal; por mis sentimientos de impotencia e inferioridad y hasta por mi dolor y mis angustias. ¡Qué alivio es saber que tú entiendes el sentimiento de mis debilidades! Y que en tu sabiduría infinita las has permitido en mi vida para que contribuyan a tus propósitos supremos para mí.

Te doy gracias específicamente por:

_____

_____

_____

_____

Gracias por las muchas veces en que mis debilidades penetran mi orgullo y me ayudan a caminar en humildad delante de ti, y entonces, como has prometido, me das más gracia, me ayudas, me bendices y me fortaleces. Gracias por todas las formas en que soy insuficiente, porque

ellas me llevan a confiar en ti y no en mí mismo;
y estoy agradecida porque mi suficiencia viene de
ti, del Dios todo suficiente, ¡que eres todo lo que
necesito!

Gracias porque puedo confiar en ti para
quitar o cambiar cualquiera de mis debilidades,
impedimentos y deficiencias en el momento que
ya no es necesario para tu gloria, para mi bien y
para el bienestar de otras personas; y porque
mientras tanto, tu gracia es suficiente para mí,
porque tu poder se perfecciona en mi debilidad.

Por eso me regocijo en debilidades, insultos, privaciones,
persecuciones y dificultades que sufro por Cristo; porque
cuando soy débil, entonces soy fuerte.

2 CORINTIOS 12:10

Referencias bíblicas (por párrafo)

1. Hebreos 4:15; Romanos 8:28–29

2. Santiago 4:6; Salmo 40:17; 2 Corintios 3:5

3. 2 Corintios 12:7–10

DIA 11

Gracias, mi Dios misericordioso y soberano, porque has estado conmigo y me has sustentado desde el día de mi nacimiento hasta ahora; porque has conocido toda mi vida, de principio a fin, desde antes que naciera; y porque escribiste en tu libro todos los días que ordenaste para mí desde antes que ninguno de ellos existiera.

Gracias porque en tu plan misericordioso para bendecirme y usarme, me permitiste pasar por tiempos difíciles, por pruebas por las que mucha gente atraviesa en este mundo perdido. ¡Cuán feliz soy porque tú eres tan bueno para extender tu mano y hacer algo maravilloso aun de las peores situaciones! Cuán animada estoy cuando pienso cómo hiciste esto por José. Cómo sus hermanos lo odiaron, abusaron de él y lo engañaron, y cómo tú obraste en todo lo que le sucedió para bendición, tanto de José y su familia, como de innumerables personas.

Te alabo porque las cosas que ocurrieron en mi pasado, tanto agradables como dolorosas, son materia prima para bendiciones, en mi vida y en las

vidas de otros. Por eso te doy gracias por la
familia en que nací (o la falta de ella), y por las
oportunidades que me diste, o no me diste. Y
gracias por las cosas en mi pasado que parecen ser
limitaciones, los impedimentos, las circunstancias
malas; las cicatrices de heridas viejas, las
necesidades emocionales no satisfechas, los errores
o negligencias de otras personas, incluso su
crueldad hacia mí, su abuso.

Den gracias a Dios en toda situación, porque esta es su voluntad para ustedes en Cristo Jesús.
1 TESALONICENSES 5:18

Cuán reconfortante es saber que en todas mis
angustias tú estabas angustiado. Y cuánto te doy
gracias, Señor Jesús, porque en la cruz tú cargaste
con mis angustias y mis tristezas, así como con
mis pecados; porque puedo arrodillarme al pie de
la cruz y adorarte, como el que tomó sobre sí
mismo todo mi dolor, y lo experimentó en su
totalidad. Y cuán reconfortante es saber que en el
presente, día a día, tú sientes conmigo todo dolor,
confusión, atadura interior o lucha que es

resultado de mi pasado. Gracias porque todas estas aparentes desventajas son el fondo para el plan especial que se está desarrollando, que tú tienes en mente para mí, y porque si mi pasado aún me incapacita, tú eres capaz de dirigirme hacia la clase de ayuda que necesito.

Estoy tan agradecida porque tú permitiste todas mis circunstancias pasadas para hacerme ver mi necesidad de ti y preparar mi corazón para tu Palabra, para atraerme a ti y para obrar tus buenos propósitos para mi vida. Me regocijo en que tú eres el controlador bendito de todas las cosas. Lo eres ahora, lo serás en el futuro, y lo fuiste por siempre. Todos mis días tienen tu toque de amor y sabiduría, ya sea que lo veo completamente o no.

Y Señor, escojo mirar más allá de los problemas, pasados y presentes, en mi vida, esta vida pasajera, y fijo los ojos en las cosas que no se ven, que permanecerán para siempre. Te alabo por la gloria eterna que estas cosas están acumulando para mí mientras escojo confiar en ti.

Ciertamente él cargó con nuestras enfermedades y soportó nuestros dolores.

ISAÍAS 53:4

Usted encontrará ayuda adicional para confiar a Dios con su pasado en:
"Por medio de la alabanza usted puede fortalecer su fe," página 111.

Referencias bíblicas (por párrafo)

1. Isaías 46:3; 46:9,10; Salmo 139:16; Isaías 63:9; 53:4

2. 1 Corintios 10:13; 1 Pedro 5:9; Génesis 37; 50:17–20

3. 1 Tesalonicenses 5:18

4. Isaías 63:9; 53:4

5. Deuteronomio 8:3; Salmo 66:6–12; 1 Timoteo 6:15

6. 2 Corintios 4:17–18

DIA 12

Me glorío en tu santo nombre, amado Señor, porque en Cristo soy justificada con su justicia. Soy justificada, ¡como si nunca hubiese pecado! ¡Soy completamente justa delante de ti! Gracias porque en la cruz Jesús cargó con la culpa de todos mis pecados, incluyendo los pasados, presentes y futuros. Cuán agradecida estoy de que, por lo que hizo Jesús, "tú borraste toda mi deuda de tu libro de cuentas. Tú clavaste el libro de cuentas en la cruz, y cerraste mi cuenta."

Ahora, Padre, me postro delante de ti, que eres el Juez ante el cual soy responsable como la Autoridad final, el Jefe de Justicia del Tribunal Supremo de toda la tierra; y te doy gracias, te alabo porque has dicho, y tu Palabra no puede ser quebrantada, "No hay ninguna condenación para los que están unidos a Cristo Jesús." El juez nos ha declarado libres de pecado.

Cuánto me regocijo porque por medio de Cristo estoy bien como persona, ahora y para siempre: totalmente limpia, cada mancha quitada; totalmente perdonada, sin importar cuán grande o reciente sea la falta que he tenido que confesar o cuán frecuentemente haya fallado.

¡Qué gracia tan sublime! ¡Qué aceptación y favor tan inmerecidos! Qué maravilloso que no me pides que haga nada en absoluto para ganar tu perdón: No tengo que procurar llegar a la marca; no hay castigos que me haya impuesto a mí misma; no hay remordimientos prolongados; no tengo que echarme la culpa; no necesito hacer obras de penitencia; no tengo que hundirme en lamentos, o en vergüenza, o negación o en excusas por las cosas que hago mal. Estoy tan agradecida porque tú no sostienes un par de balanzas; porque no me pides que acumule

Al que no cometió pecado alguno, por nosotros Dios lo trató como pecador, para que en él recibiéramos la justicia de Dios.

2 CORINTIOS 5:21

suficientes buenas obras para compensar mis pecados, mis fracasos, mi indignidad; porque todo es por gracia, por medio de la fe. ¡Qué incentivo para vivir una vida que te agrade a ti y que te dé gozo y no tristeza!

Me regocijo grandemente en ti, Señor; mi alma te exalta porque me has vestido con ropas de salvación, me has cubierto con un manto de justicia y belleza, como un novio vestido para su boda, como una novia adornada con sus joyas.

No nos trata conforme a nuestros pecados ni nos paga según nuestras maldades.
Tan grande es su amor por los que le temen como alto es el cielo sobre la tierra.
Tan lejos de nosotros echó nuestras transgresiones como lejos del oriente está el occidente.
Tan compasivo es el Señor con los que le temen como lo es un padre con sus hijos.

SALMO 103:10-13

Referencias bíblicas (por párrafo)

1. 1 Corintios 1:30; 2 Corintios 5:21; Romanos 5:1; Isaías 53:6; Colosenses 2:14

2. Romanos 14:12; Salmo 50:6; 96:13; Romanos 8;1,33

3. Hebreos 10:14; Tito 3:4–5; Juan 13:10; Romanos 7:18–20, 25; Salmo 130:3–4

4. Efesios 2:8–9; Salmo 103:10–14; Romanos 4:7–8; 11:6; 6:1–2; Efesios 2:10

5. Isaías 61:10

DIA

13

Te exalto con acción de gracias, mi Padre, porque te pertenezco para siempre. Me escogiste en Cristo desde antes de la creación del mundo. Me atrajiste a ti mismo. Me aceptaste en tu Hijo amado, dándome la bienvenida al amor eterno que tú tienes por él; y ahora como tu hija que soy me tomas en tus brazos y me dices que me amas.

> Cerca, tan cerca de ti
> más cerca no puedo estar,
> porque en la Persona de tu Hijo
> ¡estoy tan cerca como él está!
>
> Querido, tan querida por ti,
> no puedo ser querida más;
> el amor con que amas a tu Hijo,
> ¡así es tu amor por mí!*

Gracias porque tengo un lugar en ti y en tu reino que es eterno; porque nada me puede separar de tu amor ilimitado e intensamente personal, el único amor que no está basado en lo más mínimo en cuánto lo merezco, el único amor que nunca puede disminuir o fallar. Gracias que jamás tú estarás desilusionado conmigo, porque ya sabes todo sobre mí: pasado, presente y futuro.

Cuán grande es tu amor por mí, Padre, para que yo sea llamada tu hija; y la soy. ¡Qué maravilloso que soy preciosa a tus ojos, y que tú me amas!

¡Fíjense qué gran amor nos ha dado el Padre, que se nos llame hijos de Dios! ¡Y lo somos!

1 JUAN 3:1

*Adaptado de *A Mind at Perfect Peace* [*Una mente en perfecta paz*] por Catesby Pagent.

Referencias bíblicas (por párrafo)

1. Efesios 1:4; Juan 6:44; Efesios 1:6; Juan 17:23; Oseas 11:3; Isaías 43:4

2 Colosenses 1:12; Jeremías 31:3; Romanos 8:38–39; Salmo 139:1–6

3. 1 Juan 3:1; Isaías 43:4

DIA

14

Padre, estoy tan contenta de que el Espíritu Santo vive en mí, para fortalecerme con poder en mi ser interior; para hacer a Cristo real en mí e inundar mi corazón con su amor ilimitado; para llenarme de su plenitud; para permitirme saber por experiencia personal las cosas que tú me has otorgado tan libremente en Cristo: mi nueva identidad y mis increíbles bendiciones espirituales.

Celebro el hecho de que he sido crucificada con Cristo; que ahora estoy viva con su vida; que por mi nuevo nacimiento morí a mi vieja vida; que tú ahora me has resucitado a una relación viviente contigo y por eso ¡estoy muerta al pecado y vivo para ti! Gracias por estos hechos que son verdad, ya sea que parezcan lógicos o no, ya sea que yo sienta que son verdad o no, y que mientras te alabo por ellos, tu Espíritu me capacita más y más a vivir a la luz de mi nueva identidad en ti. Gracias porque él está usando tu Palabra para librarme de los puntos de vista y los valores del mundo, de la carne y del diablo; porque él está renovando mi mente para que yo vea las cosas desde tu punto de vista, para que pueda caminar en novedad de vida.

Te alabo porque Cristo no es una persona débil que está fuera de mí, sino un poder tremendo dentro de mí; porque por medio de él puedo enfrentarme a la vida, hacer tu voluntad, amar con tu amor y ser más que vencedora. Cómo me regocijo porque puedo crecer, desarrollar mis dones y aumentar mis capacidades; porque no necesito estar encadenada para siempre al pasado, sino que con confianza y gozo puedo mirar hacia adelante para ser todo lo que tú tienes en mente para que yo sea.

En cuanto a mí, jamás se me ocurra jactarme de otra cosa sino de la cruz de nuestro Señor Jesucristo.

GÁLATAS 6:14

Ahora es un buen momento para meditar en: "La alabanza puede ayudarle a conocer a Cristo como su vida," página 122.

Referencias bíblicas (por párrafo)

1. Romanos 8:9–10; Efesios 3:16–19

2. Gálatas 2:20; 6:14; Romanos 6:1–11

3. 2 Corintios 13:3; Filipenses 4:13; Romanos 8:37

DIA

15

Estoy tan agradecida, Señor, porque la vida cristiana no es un curso riguroso de mejoramiento personal ni algo que la persona tiene que hacer sola; porque no es un llamado para demostrar mi valor o mejorarme superando mis imperfecciones y fracasos, a mi manera, con mis propios recursos. Gracias porque, en vez de eso, tú obras en mí y en mi situación para destruir maneras antiguas de pensar y actuar, para crear dentro de mí tanto el deseo como el poder para hacer tu buena voluntad y para convertirme en un gozo para ti en formas nuevas.

Te alabo porque "Jesucristo es capaz de aclarar toda la confusión que hay en mi alma, de hacer desaparecer todos mis complejos y de transformar aun mis patrones de hábitos fijos, sin importar cuán profundamente grabados estén en mi subconsciente" (Corrie ten Boom). Gracias por las muchas formas en que usas otras personas para aconsejarme y ayudarme a crecer, y que aun así Cristo mismo es la respuesta a mis problemas emocionales, la fuente que puede suplir todas mis necesidades. Cómo me gozo porque él es maravilloso en consejo y grandioso en poder, y me sana de adentro hacia fuera.

Gracias, también, por el Espíritu Santo, el Espíritu de sabiduría y entendimiento, el Espíritu de consejo y poder. Te alabo porque él está en mí para iluminarme por medio de tu Palabra; para limpiar mis ansiedades y temores, mis resentimientos y hostilidades, mi culpa y lamentos, como el agua limpia lo sucio y la basura; para mantenerme lleno de él; para llenar mi corazón con tu amor con el fin de producir en mí el fruto de amor—alegría, paz, paciencia, amabilidad, bondad, fidelidad, humildad y dominio propio—y capacitarme para dar gracias en todo a medida que pasan las horas, los días y las semanas. Me gozo porque tú eres capaz de hacer mucho más de todo lo que pido o pienso, de acuerdo con tu poder que opera en mí, ¡el mismo poder que levantó a Jesús de los muertos!

Referencias bíblicas (por párrafo)

1. Juan 15:5; Filipenses 2:13
2. Hebreos 10:24-25; Efesios 4:16; Juan 6:35; 7:37–38; 8:12; Isaías 9:6; 28:29
3. Isaías 11:2; Juan 16:13; Gálatas 5:22–23; Efesios 5:18–20; Romanos 5:5; Gálatas 5:22–23; Efesios 3:20; 1:19–21

DIA

16

Gracias, amado Señor, porque soy digna de honra ante tus ojos, porque aun la persona más pequeña en tu reino es mayor a tu vista que la persona más prominente y exitosa que jamás haya nacido. ¡Qué maravilloso que tú, el Rey supremo del cielo, que reinas sobre todos los otros poderes en el cielo y en la tierra, me has otorgado la dignidad real de ser tu hija y heredera!

Te exalto por tu gracia maravillosa, por tu favor y tus bendiciones que no merezco, porque me has resucitado con Cristo y me has sentado con él en las regiones celestiales, muy por encima de todo gobierno, autoridad, poder o dominio imaginable. Me has dado una posición exaltada en tu reino, el único lugar donde ser incluido y recibir honor tiene alguna importancia verdadera, algún valor duradero.

Cuán agradecida estoy de que me has unido a los propósitos más grandes posibles, la mayor de las razones para vivir: conocerte y amarte, mostrar tu amor a otros, glorificarte, y disfrutarte ahora y para siempre. ¡Qué honor!

Gracias, porque en mi más profunda y más verdadera identidad, soy una nueva persona en unión con Cristo, porque soy una de tus obras maestras espirituales, creada limpia y transparente, como una joya perfecta, a la que tú estás cortando y sacando brillo para recibir y mostrar más plenamente la belleza de tus gloriosos atributos.

El Espíritu mismo le asegura a nuestro espíritu que somos hijos de Dios.

ROMANOS 8:16

Referencias bíblicas (por párrafo)

1. Isaías 43:4; Mateo 11:11; Romanos 8:16–17

2. Efesios 2:6; 1:20–21

3. Juan 17:3; Mateo 22:37–38; 1 Pedro 4:8–11; Isaías 43:7; Juan 17:24

4. 2 Corintios 5:17; Efesios 2:10; 1 Pedro 2:9

DIA 17

Gracias porque me tienes en el lugar donde me quieres ahora, porque aun si llegué hasta aquí por elecciones equivocadas, o por indiferencia o rebelión, tú conocías mis errores y pecados desde antes de mi existencia, y los incluiste en tu plan para atraerme a ti, para moldearme y bendecirme y para bendecir a otros por medio de mí. Gracias porque aun si estoy aquí por la mala voluntad o el pobre juicio de otras personas, todo está bien porque en tu sabiduría soberana tú estás obrando para traer buenos resultados de todas esas decisiones pasadas, todos esos acontecimientos más allá de mi control— buenos resultados, tanto para mí como para otros. Gracias otra vez porque transformaste en bien las cosas terribles que le pasaron a José, quien fue vendido como esclavo, exiliado a un país lejano, y luego enviado a prisión con acusaciones falsas; y porque a través de todo lo que le sucedió lo tuviste en el lugar correcto en el momento correcto, por razones muy importantes. Estoy contenta Señor, porque tú eres el mismo hoy, bien capaz de resolver nuestros problemas, de transformar lo malo en bueno. Estoy maravillada de la complejidad y el misterio de tu sabiduría. ¡Cuán seguro es para mí el confiar en tus razones para actuar (o no actuar) y en tus métodos de obrar!

Gracias porque con toda seguridad puedo encomendar mi lugar y mi situación a ti. Puedo "estar dispuesta a que tú me muevas a cualquier lugar en el tablero de la vida, o me entierres en cualquier lugar en el jardín de la vida, entregándome alegremente a ti para agradarte en cualquier lugar o cualquier forma que tú escojas" (fuente desconocida). Gracias porque puedo

¡Qué profundas son las riquezas de la sabiduría y del conocimiento de Dios! ¡Qué indescifrables sus juicios e impenetrables sus caminos!

ROMANOS 11:33

confiar en ti con mis lugares futuros, lista para ir o para permanecer.

Así que descanso en el hecho de que tú me tienes en este lugar en este día, y te alabo porque me guiarás fielmente toda mi vida, exactamente a donde tú quieres que esté, mientras busco el hacer tu voluntad.

Y lo más importante de todo es el lugar que tengo en ti. Cómo me gozo de tenerte a ti como mi refugio donde puedo asentarme, sentir segura y estar contenta en cualquier parte en la tierra; tú eres mi hogar bendito, "donde puedo entrar y descansar aun cuando todo sobre mí y a mi alrededor sea un mar de problemas" (Andrew Murray). Cómo mi alma se deleita en esconderse en el secreto de tu presencia, refugiarme a la sombra de tus alas, comer a tu mesa, beber del río de tus deleites. Cuán bendecida soy, mi Rey y mi Dios, que me has escogido y que me has traído cerca vivir en tu presencia, para presenciar tu belleza—buscar tu consejo—¡y pensar que moraré en tu casa para siempre!

El que habita al abrigo del Altísimo se acoge a la sombra del Todopoderoso.

SALMO 91:1

Le será de valor meditar más en: "Por medio de la alabanza usted puede beneficiarse más de sus pruebas," página 120. Esto le preparará aún más para muchos de los días de alabanza que siguen.

Referencias bíblicas (por párrafo)

1. Isaías 46:9; Génesis 37; 39; Salmo 105:16–20; Génesis 50:20; Romanos 11:33

2. Salmo 37:5; 73:24; Apocalipsis 3:7–8

3. Deuteronomio 1:33

4. Salmo 90:1; 91:1; 31:20; 36:7–8; 65:3; 27:4–5; Juan 15:5; Salmo 23:6

DIA

18

Padre, estoy tan contenta de que tú eres amoroso y soberano, y que dispones todas las cosas para bien de quienes te aman, a los que has llamado de acuerdo con tu propósito. Así que te doy gracias por cada situación perturbadora o humillante en mi vida; por cada proceso de quebrantamiento o de purificación que estás permitiendo; por cada problema o estorbo; por cada cosa que provoca en mí ansiedad, enojo o dolor. Y te agradezco por adelantado cada desilusión, cada obligación agotadora, cada presión, cada interrupción que se presente en las horas y los días venideros.

A pesar de lo que piense o sienta cuando quite mis ojos de ti, escojo no resistir a mis pruebas como a intrusos, sino darles la bienvenida como a amigas.

Gracias porque cada dificultad es una oportunidad para verte obrando, porque a tu tiempo me llevarás a un lugar de abundancia. Me regocijo porque tú planeas enriquecerme y embellecerme por medio de cada problema, cada conflicto, cada lucha; porque por medio de ellos expones mis debilidades y necesidades, mis pecados ocultos, mi egoísmo (y especialmente mi confianza en mí misma y mi orgullo). Gracias porque tú usas las pruebas para humillarme y perfeccionar mi fe y producir en mí la cualidad de la perseverancia; porque ellas preparan el terreno de mi corazón para el nuevo crecimiento en devoción que tú y yo deseamos ver en mí; y porque estas preocupaciones momentáneas están produciendo en mí una gloria eterna que sobrepasa a todas las demás, mientras mantengo los ojos fijos en ti. Estoy agradecida porque tú miras más allá de mis deseos superficiales por una vida libre de problemas; en vez de eso, tú satisfaces mi profundo deseo de glorificarte, disfrutar de tu amorosa comunión y ser más como tu Hijo.

> Te agradezco las cosas amargas
> ellas han sido amigas de la gracia,
> ellas me han llevado del camino fácil
> a irrumpir en el lugar secreto.
> —Florence White Willett

Referencias bíblicas (por párrafo)

1. Romanos 8:28–29; 1 Pedro 1:6–7

2. Santiago 1:2–4

3. Salmo 68:8–12; 138:7–8; Job 23:10; Deuteronomio 8:2–3,16–17; 2 Corintios 4:17–18; Juan 12:27–28

D I A

19

Gracias, Señor, por las personas que son una bendición para mí: por la familia, los amigos y los vecinos, por los niños pequeños, por los hermanos y las hermanas en Cristo, por colegas y líderes, por pastores y maestros y por otros—nuestro doctor, el cartero, el plomero. Gracias por las muchas formas en que tú usas a estas personas para suplir mis necesidades, iluminar mi camino y aliviar mi carga; para enriquecer mi conocimiento de ti; y para aconsejarme, corregirme o nutrirme, edificándome en la fe. ¡Cuán bueno y placentero es disfrutar de abundante comunión con aquellos que te aman! ¡Gracias por traer a estas personas a mi vida!

Te doy gracias específicamente por:

_____

_____

_____

Incluso, Señor, también te doy gracias porque hasta las personas que más admiro tienen fallas, porque sólo tú eres completamente maravilloso, sin

nada desagradable, y porque las personas, aun las
mejores no pueden suplir mis necesidades más

Queridos hermanos, ya que Dios nos ha amado así, también nosotros debemos amarnos los unos a los otros...si nos amamos los unos a los otros, Dios permanece entre nosotros, y entre nosotros su amor se ha manifestado plenamente.

1 JUAN 4:11-12

profundas, porque a veces no entienden, se

disgustan, esperan demasiado, o no pueden estar

disponibles cuando las necesito. Esto me hace

aún más feliz, el tenerte a ti como mi mejor

amigo, mi Consejero maravilloso, mi constante

ayuda en el tiempo de prueba, disponible

inmediatamente a toda hora, siete días de la

semana. Qué maravilloso que te pertenezco a ti, a

la fuente pura e incontaminada de donde fluye

todo el amor. Así que me deleito con la gente

aquí en la tierra; pero por encima de todo vengo

a ti, la única persona perfecta, la única persona

ideal, el único cuyo amor es impecable, el único

que es digno de suprema alabanza. Oh Dios, ¿quién es como tú? ¡No hay nadie que se compare a ti!

Te doy gracias por los amigos
que no han suplido
la profunda necesidad de mi alma;
ellos me han llevado a los pies del Salvador
a alimentarme de su amor.
También te doy gracias
porque a través de todo
el camino de la vida
nadie me pudo satisfacer,
y así he encontrado sólo en ti
¡mi abundante y completa provisión!
—Florence White Willett

Nosotros amamos a Dios porque él nos amó primero.
1 JUAN 4:19

Referencias bíblicas (por párrafo)

1. Filipenses 1:3; 1 Tesalonicenses 2:19–20; Salmo 68:6a; Efesios 4:11–16; Gálatas 6:10; Mateo 22:39; 1 Juan 4:11–12; Salmo 133:1

2. Isaías 9:6; Salmo 46:1; 1 Juan 4:10, 18–19; Salmo 45:2; Hebreos 7:26; Salmo 40:5b

DIA **20** Padre, te doy gracias por las personas en mi vida que parecen traer más dolor que alegría, porque creo que tú has permitido que nuestros caminos se crucen por razones importantes. Gracias por las cosas buenas que haces en mi vida por medio de las cosas que me molestan (¿sus hábitos irritantes? ¿su mal humor? ¿su trato poco cariñoso? ¿sus exigencias? ¿su insensibilidad? ¿sus expectativas poco relistas?) Estoy agradecida porque tú estás conmigo para suplir mis necesidades cuando otros, incluso aquellos cercanos a mí, no lo hacen. Estoy tan contenta porque tú estás dentro de mí, obrando para hacerme más como Jesús—más paciente, más amable, más amorosa—por medio de las mismas cosas que me desagradan.

Te doy gracias también porque tú amas a estas personas, y porque tu amor es adecuado para suplir sus profundas necesidades y transformar sus vidas a pesar de cuán voluntariosas o imprudentes sean a veces. Gracias porque te importan profundamente y porque cada una de ellas tiene el potencial para ser una inmensa fuente de la cual tú puedes recibir placer eterno. Y así, aunque tal vez no me siento agradecida, por fe te doy gracias por esas personas, confiando en tu bondad, tu sabiduría, tu poder y tu amor por ellas así como también por mí.

Y te alabo porque no necesito molestarme por esas personas, ser envidiosa o tener pensamientos de enojo para probar que tengo razón. Gracias porque por tu poder puedo recibirlas como tú me recibes a mí: tal como soy, con mis defectos, mis problemas emocionales y todo lo demás; porque puedo escoger no juzgarlas, sino perdonarlas, cancelar cualquier deuda que pienso que tienen conmigo, cualquier disculpa, cualquier obligación; porque por tu gracia, puedo escoger borrar la lista de agravios que tengo dentro de mí y mirar a esa gente con un corazón que dice: "Tú ya no me debes nada." Gracias por tu Espíritu que me da el poder para hacerles bien, deleitarme en ti y encomendarte mi camino, descansando en ti mientras revelas tus propósitos en estas relaciones, a tu tiempo.

Referencias bíblicas (por párrafo)

1. Romanos 8:28–29; 1 Pedro 1:6–7; Santiago 1:2–4; Salmo 27:10; Isaías 49:14–16; Salmo 142:3–5; 1 Tesalonicenses 3:12; Filipenses 1:9–11

2. Mateo 5:45; Oseas 3:1

3. 1 Pedro 2:1; Romanos 15:7; Efesios 4:31–32; Mateo 7:1–3; 6:14–15; 18:21–22; Salmo 37:1–7

DIA

21

Gracias, Señor, por cada punto fuerte y cualidad admirable en la vida de mi cónyuge.* Gracias porque tú nos has juntado, y porque ¡tu amor endulza nuestro amor terrenal! Te bendigo, Señor, por los muchos beneficios que tú me has dado por medio de este ser amado.

Estas son algunas razones especiales por las que quiero darte gracias por esta relación:

_____

_____

_____

Sin embargo, Señor, te alabo porque tú sobrepasas aun a la mejor persona en mi vida. Te distingues sobre todos; eres "el más maravilloso de todos los seres" (Tozer). Tú eres mi porción en la vida, mi premio, mi herencia.

¿Quién puede compararse contigo? Tú eres mi compañero perfecto, mi más querido, más agradable amado, mi constante amigo. Tú eres la fuerza de mi vida y mi porción para siempre. Sólo mi relación contigo está segura de permanecer para toda la vida, ¡sin nunca tener que decir adiós!

Gracias porque "tú eres tan inmensamente maravilloso, tan absolutamente fascinante, que puedes satisfacer abundantemente las más profundas exigencias de toda mi naturaleza, con todo lo misteriosa y profunda que esa naturaleza es" (Tozer).

¿A quién tengo en el cielo sino a ti?
Si estoy contigo, ya nada quiero en la tierra.
SALMO 73:25

*Si usted está casado, haga de su cónyuge el tópico de su alabanza. Si usted no está casado, escoja a otra persona cercana a usted: un miembro de su familia, compañero de cuarto o amigo. Dé gracias por las buenas cualidades de esa persona, aunque ahora encuentre difícil enfocarse en esos buenos puntos.

Referencias bíblicas (por párrafo)

1. Salmo 103:1–2; 128:1–4

2. Salmo 73:25; 45:2; Cantar de los Cantares 5:10; Salmo 16:5–6

3. Salmo 89:5–17; Jeremías 10:6–7; 2 Corintios 11:2; Oseas 2:19–20; Isaías 54:5; Salmo 73:25–26

4. Salmo 107:8–9; 62:3; 84:11; Isaías 55:1–2

DIA 22

Gracias por tus propósitos fundamentales y buenos al permitir las debilidades o faltas de la persona por la que te alabé en el Día 21 (¿indiferencia? ¿falta de entendimiento? ¿rudeza? ¿aspereza? ¿necesidad indebida de controlar? ¿dependencia o independencia excesiva? ¿falta de liderazgo, falta de sumisión, falta de amor? ¿falta de atención o de percepción? ¿otras deficiencias o fracasos, o hasta pecados deplorables?)

Quiero darte gracias especialmente por lo que planeas hacer por medio de las siguientes cosas que me disgustan, me molestan, me causan ansiedad o me parten el corazón:

_____

_____

_____

Muchas gracias porque estas cosas no completan el panorama; porque este ser querido también es una creación admirable y tiene un lado brillante así como uno opaco. Y me regocijo en que tú eres amoroso y poderoso, bien capaz de cambiar a esta persona, si quieres, y cuándo y cómo tú escojas. Gracias porque mientras tanto estás obrando para cambiarme a mí por medio de estas imperfecciones que me frustran o me angustian; porque mis reacciones a ellas aclaran las maneras en que necesito crecer, confiar más en ti y suplir las necesidades de mis seres queridos más plenamente, mientras permito que el Espíritu Santo me llene con tu amor, paciencia y paz.

Me regocijo porque tú puedes capacitarme en tiempos difíciles y darme sabiduría en mis reacciones. Tú eres todo suficiente, más que suficiente para suplir aun las necesidades más profundas de mi corazón, sin importar lo que el presente o el futuro me traiga.

En fin, vivan en armonía los unos con los otros; compartan penas y alegrías, practiquen el amor fraternal, sean compasivos y humildes. No devuelvan mal por mal ni insulto por insulto; más bien, bendigan.

1 PEDRO 3:8-9

Referencias bíblicas (por párrafo)

1. 1 Tesalonicenses 5:18

2. Hebreos 12:10–11

3. Salmo 139:14; Jeremías 32:17,27; Romanos 4:17; Proverbios 3:5; 1 Pedro 3:1–9; Filipenses 1:9–10; Gálatas 5:22–23

4. Santiago 1:5; Salmo 148:8, 10; 93:24–25

DIA 23 Gracias porque tú planeas usar para el bien las luchas con que se enfrentan mis seres queridos, incluyendo sus elecciones decepcionantes, sus maneras imprudentes, o hasta dañinas, de pensar y vivir y su alejamiento de tus caminos (según yo lo veo, Señor, y sé que puedo estar equivocada).

Te alabo por adelantado por la parte en que estas cosas difíciles van a desempeñar en tu buen plan para nosotros: en liberación final, crecimiento y productividad. Estoy agradecida porque en todas estas cosas, la batalla no es mía sino tuya y porque el capítulo final aún no ha sido escrito. Qué bueno es que puedo pedirte sabiduría para saber qué decir o no decir, qué hacer o no hacer, y que tú vives en mí para que yo pueda amar con tu amor, aunque es difícil. ¡Gracias porque estas pruebas me obligan a confiar más en ti!

Te alabo, mi Rey y mi Dios. Te doy gracias porque tú ordenas victorias para tu pueblo, y porque "todo está a tu servicio." Tú eres un Dios que actúa a favor de él que deposita su confianza en ti. Gracias porque estás obrando para responder mis oraciones a tu buena manera y tiempo.

Gracias por las victorias pasadas que has ganado en las vidas de mis seres queridos; por el progreso, el crecimiento y las oraciones respondidas; y por las victorias que aún están por verse en el futuro para la gloria de tu nombre. Te alabo porque a medida que pasa el tiempo, en nuevas formas tú nos mostrarás tu bondad en la tierra de los vivientes.

Ahora bien, sabemos que Dios dispone todas las cosas para el bien de quienes lo aman, los que han sido llamados de acuerdo con su propósito.

ROMANOS 8:28

Referencias bíblicas (por párrafo)

1. Romanos 8:28–29

2. Santiago 1:2–4; 2 Crónicas 20:15; Santiago 1:5, 19–20; 3:17–18; Eclesiastés 3:7

3. Salmo 44:4; 119:91; Isaías 66:4

4. Salmo 27:13

DIA 24

Gracias, mi amado y soberano Dios, porque mis fracasos y errores son parte de "todas las cosas" que tú dispones para el bien, así como mis tensiones, mis sentimientos hostiles y ansiosos, mis lamentos, actuaciones vergonzosas y condenación propia, y las cosas específicas que los motivan. Te alabo porque "todas las cosas," incluyendo éstas, pueden contribuir a mi crecimiento espiritual y mi conocimiento de ti. Cuando el corazón me está abrumado, soy más consciente de mi necesidad de clamar a ti, de refugiarme en ti, de confiar en ti.

Me regocijo porque estas cosas me recuerdan que dependa de ti con todo el corazón; porque me llevan a confiar en tu amor, tu perdón, tu poder, tu suficiencia, tu habilidad para prevalecer y tu presencia transformadora dentro de mí. Gracias por las maneras en que mis imperfecciones y fracasos me empujan para abrirme a ti más plenamente y por la forma en que ellos te permiten mostrarme mis necesidades profundas y ocultas: dolores y heridas que jamás he expresado delante de ti, que nunca he expuesto a tu toque sanador, y pecados que nunca he enfrentado ni admitido. Cuán agradecida estoy por tu constante purificación al confesar cada pecado de que me haces consciente, y entonces me vuelvo a ti como mi Señor. Te alabo porque estoy libre de condenación simplemente porque Cristo murió por mí y resucitó; porque eso no depende de cuán bien vivo.

¡Te alabo por cómo tú usas mis pecados y fracasos para humillarme y por cómo esto me abre a la entrada de tu gracia, sublime gracia, que me permite mantener mi cabeza en alto, no con orgullo sino con humilde gratitud por tu amor inmerecido e inmutable, y limpieza total!

Confía en el Señor de todo corazón, y no en tu propia inteligencia.

PROVERBIOS 3:5

Referencias bíblicas (por párrafo)

1. Romanos 8:28–29; Salmo 61:2
2. Proverbios 3:5; Salmo 37:5; 2 Corintios 3:18; 1 Juan 1:9
3. 1 Pedro 5:5; Romanos 5:5

DIA 25

Amado Señor, cuánto aprecio tu punto de vista sobre la condición del ser humano, así como sus habilidades, fracasos y debilidades. Estoy tan contenta de que tú, el excelso y sublime, no estás impresionado con las posiciones que ocupa la gente; de que tú no eres parcial ni tienes prejuicios en lo más mínimo; de que tú no muestras favoritismo personal. Gracias porque tú no tienes en cuenta distinciones externas: ricos o pobres, famosos o ignorados, alto o bajo rango, lindo o feo, alguna raza o cultura mejor que otra, sino que tú estimas a aquellos que son humildes de corazón. Gracias porque no buscas gente ideal con listas imponentes de capacidades humanas, sino que usas a la gente que el mundo llama tontos y débiles, pobres e insignificantes. Gracias porque tú te opones a los que se exaltan a sí mismos, y exaltas a aquellos que se humillan, dándoles tu gracia.

Qué contenta estoy de que tú no esperas una actuación perfecta. "Tú eres rápido para anotar cada simple esfuerzo que te agrada, e igualmente rápido para pasar por alto mis imperfecciones

cuando busco hacer tu voluntad" (Tozer). Tú
estás lleno de misericordia y compasión hacia mí.
Sabes cómo estoy formada; conoces mis
limitaciones; entiendes que soy polvo. Te alabo
porque eres más grande que todos mis fracasos;
porque como mi alfarero eres capaz de
modelarme y remodelarme, mientras me someto
a tu sabiduría y destreza; porque como el artista
maestro eres capaz de tomar los hilos oscuros de
mi vida—mis heridas, mis cicatrices, mis
manchas, los líos que hago, y hasta mis
pecados—y mezclarlos en un diseño precioso
para la alabanza de la gloria de tu gracia.

Gracias porque yo, una simple vasija de
barro, contengo el tesoro incalculable de tu vida y
tu gloria, y cada una de mis victorias y logros
obviamente vienen de tu poder omnipotente, y
no de mí.

Referencias bíblicas (por párrafo)

1. Isaías 57:15; Gálatas 2:6; Santiago 2:1,5; 1 Corintios 1:26–29; Santiago 4:6; Salmo 73:18

2. Salmo 103:13–14; Jeremías 18:3–6

3. 2 Corintios 4:7

DIA

26

Padre, te alabo porque Jesús es victorioso sobre Satanás y todos sus poderes malignos, porque él triunfó sobre ellos por medio de la cruz y la resurrección y porque tú lo has exaltado hasta lo sumo. Tú le has dado una posición infinitamente superior a la de todos los otros poderes y autoridades, un nombre por sobre todo nombre que jamás será mencionado; y, gracia sublime, tú me has levantado y me has sentado con él en las regiones celestiales.

Cómo te alabo porque no necesito luchar por alcanzar una posible victoria, sino que puedo vivir en una posición de victoria ya ganada, porque él que está en mí (Padre, Hijo y Espíritu Santo) es más poderoso que él que está en el mundo, porque aunque Satanás es poderoso, no puede prevalecer contra la sangre del Cordero y el nombre de nuestro Señor Jesucristo. Gracias porque Satanás tiene que huir ante ese nombre y tu Palabra, la viviente y poderosa espada del Espíritu, y porque al final será arrojado a derrota y vergüenza eternas.

Qué gozo es saber que tú eres el mismo hoy que has sido por siglos desde los tiempos de Isaías, cuando prometiste rescatar a tu pueblo en una situación desesperante, cuando el enemigo parecía haber prevalecido. Cómo me gustan las palabras que les dijiste a ellos: "No quedarán avergonzados los que en mí confían...al guerrero se le arrebatará el cautivo, y del tirano se rescatará el botín; contenderé con los que contiendan contigo, y yo mismo salvaré a tus hijos." Te alabo porque puedo contar contigo para hacer esto en nuestra guerra espiritual, y por medio de ti obraremos valientemente, porque tú pisotearás a nuestros enemigos.

"La alabanza puede ayudarle a vencer a Satanás y sus estrategias inge-niosas," en la página 133, le brindará más luz para experimentar la victoria sobre Satanás y sus ayudantes.

Referencias bíblicas (por párrafo)

1. Colosenses 2:15; Efesios 1:19–21; Filipenses 2:9–10; Efesios 2:6

2. 1 Juan 4:4; Apocalipsis 12:11; Hechos 16:18; Efesios 6:17; Apocalipsis 20:10

3. Isaías 49:23–25; Salmo 108:13

DIA 27

Señor, te exalto por tu gran poder a favor de los que creemos, tu tremendo e invencible poder que obra en nosotros y por nosotros, la misma fuerza todopoderosa que usaste cuando resucitaste a Jesús de entre los muertos y lo sentaste muy por encima de todos los poderes, visibles e invisibles. Tú eres capaz de hacer infinitamente más de lo que podemos imaginarnos o pedir. ¡Nada es imposible contigo!

Gracias porque cuando te alabo y traigo mis peticiones a ti en simple fe, me conecto con tu poder sin igual; porque cuando ofrezco un sacrificio de acción de gracias, te abro una puerta para que me rescates y bendigas mi vida, y preparo el camino para que rescates y bendigas a otras personas, cercanas y lejanas.

"Es tan grande tu poder que tus enemigos mismos se rinden ante ti." Elevo mi alabanza a ti porque "ningún ser humano puede captar con su imaginación el asombroso poder revolucionario que fluye del Cristo coronado, suave y sutilmente, pero con fuerza irresistible, entre hombres y mujeres agradecidos...a través de las vidas de personas bajo

la misericordiosa influencia del Espíritu Santo…
personas que simplemente viven en pleno
contacto con Cristo, y que se apropian de ese
poder según se presenta la necesidad y el Espíritu
Santo las guía" (adaptado de S. D. Gordon).
Gracias porque soy parte de un inmenso ejército
de personas alrededor del mundo, personas que
viven en pleno contacto con tu Hijo y mueven tu
mano poderosa para cumplir tus propósitos
misericordiosos. Gracias porque nuestra influencia
y nuestras victorias no son logradas por poder ni
capacidad humanos, sino por tu Espíritu.

"Quien me ofrece su gratitud, me honra."
SALMO 50:23

Hoy tal vez usted quisiera meditar sobre: "Por medio de la alabanza usted
puede activar el poder de Dios," página 118.

Referencias bíblicas (por párrafo)

1. Efesios 1:19–20; 3:20; Lucas 1:37

2. Salmo 50:23

3. Salmo 66:3; Zacarías 4:6

DIA **28**

Te exalto por el acceso libre y seguro que has provisto para que yo pueda venir a tu presencia para tener dulce comunión contigo; para fortalecimiento; para recibir misericordia cuando he fallado, para recibir gracia cuando estoy en necesidad. Qué gozo es saber que puedo acercarme a ti en todo momento, dondequiera que esté; que puedo venir confiadamente a tu trono de gracia, segura de tu cordial bienvenida, no porque lo merezco, sino porque tú eres un Dios de gracia, un Dios de favor inmerecido e ilimitado, no de pequeñas gotas de favor medido de mala gana, sino de un favor superabundante. ¡Estoy tan contenta de que me recibes tal como soy, simplemente porque Jesús es mi Salvador resucitado, y vivo con su vida, y soy justa con su justicia!

Gracias porque te puedo alabar, adorar y ofrecer mis peticiones detalladamente, con acción de gracias; porque puedo abrir mi corazón delante de ti, siendo sincera contigo sobre mis sentimientos, mis errores y mis pecados. Gracias porque cuando me vuelvo a ti, como mi Señor, y confieso mis pecados en vez de esconderlos o aferrarme a ellos, tu perdón es inmediato y total; porque nunca debo temer que me juzgarás o condenarás.

Gracias porque puedo "quedarme quieta" (dejar de afanarme, soltar, descansar) y saber que tú eres Dios, que tú estás en control, y que puedo reposadamente depender de ti y absorber tú fuerza, gozo y paz. ¡Pensar no sólo que tú me dejas venir a ti, sino que realmente deseas mi comunión, mi adoración, mis oraciones y mi eterna presencia! Tu deseo es para mí. "Que tú permitas que tu criatura tenga comunión contigo es bastante maravilloso; pero que tú lo deseas, que te causa satisfacción, gozo y placer, es casi demasiado para mi entendimiento."* Gracias.

* *The Quiet Time* [*El tiempo de quietud*] (Downers Grove, Illinois: InterVarsity Press, 1945), 4.

Usted encontrará más ayuda sobre cómo disfrutar a Dios en: "Por medio de la alabanza usted puede ser sensible a la presencia enriquecedora de Dios," página 116.

Referencias bíblicas (por párrafo)

1. Efesios 3:12; Hebreos 10:19–22; 4:16; Efesios 3:12; Romanos 5:17

2. Filipenses 4:6; Salmo 62:8; 1 Juan 1:8–10; Proverbios 28:13

3. Salmo 46:10; Isaías 40:31; Juan 4:23; Cantar de los Cantares 2:14; 7:10

DIA **29** Gracias porque Cristo es mi vida; porque soy un miembro de su cuerpo y un templo de su Espíritu. Qué privilegio tengo de que en mí habite tu gloriosa presencia (¡toda la Trinidad: Padre, Hijo y Espíritu Santo!) para que puedas mostrar tu excelencia a aquellos a mi alrededor.

Gracias por el día en que me libré de todo el peso de mis pecados y descansé en la obra expiatoria de Cristo, en el pago total que él hizo por mí en la cruz. Y gracias porque hoy, en esa misma forma simple, puedo librarme de todo el peso de mi vida y servicio, de mi matrimonio, niños, y todas mis relaciones (pasadas, presentes y futuras), de mis incapacidades y mi propia dependencia, y descansar en tu presencia obrando en mí por el Espíritu Santo. ¡Qué bueno es transferir este peso de mis hombros a los tuyos y descansar en que tú obras en mí y para mí y a través de mí! Te alabo por la misericordiosa manera en que me llenas con poder interior por medio de Cristo, y así estoy lista para cualquier cosa que tú quieres que yo haga, y puedo enfrentarme a cualquier cosa que permitas que suceda en mi vida.

Gracias porque puedo entregarme a ti para que me dirijas; porque puedo ir adelante alabando y descansando, dejándote manejarme a mí y a mi día; porque puedo depender gozosamente de ti a través del día, esperando que me guíes, ilumines, reprendas, enseñes, uses, y hagas en mí y conmigo lo que tú desees; porque puedo contar contigo obrando en mí y por medio de mí, como un hecho, totalmente aparte de lo que vea o sienta; porque puedo ir adelante alabando y descansando, creyéndote y obedeciéndote y soltando la carga de tratar de controlarme a mí misma sin tu sabiduría y poder (adaptado del doctor John Hubbard).

Gracias porque puedo echar todo el peso de mis ansiedades sobre ti, porque tú te interesas en mí personalmente.

Este es otro día de alabanza donde usted quisiera revisar: "La alabanza puede ayudarle a conocer a Cristo como su vida," página 122.

Referencias bíblicas (por párrafo)

1. Colosenses 3:4; 1 Corintios 12:13; 6:19; Efesios 3:16–19; 1 Pedro 2:9

2. Isaías 53:6; Mateo 11:28–29; Salmo 55:22; 68:19; Hebreos 13:20–21; Filipenses 4:13

3. Proverbios 3:5–6; Hebreos 13:20–21; Gálatas 2:20

4. 1 Pedro 5:7

DIA

30

Te alabo, Señor del cielo y de la tierra, ¡el Dios que hizo el mundo y todas las cosas en él! Te exalto por la inmensidad de tu amor al enviar a Jesucristo, el esperado Mesías, el Salvador que murió por nosotros y por toda la gente en todas partes. Te exalto porque tu plan abarca a todo el mundo y todos los tiempos, no sólo el Medio Oriente, que fue la cuna del evangelio, sino también Europa y Norteamérica, Asia y África, el hemisferio sur entero y cada pequeña isla en el globo. Gracias porque Jesús, con su sangre, compró a hijos e hijas para ti de toda tribu, lenguaje, gente y nación, y que tú anhelas que todas las personas en todas partes se arrepientan. ¡Tú no deseas que nadie pase la eternidad sin ti!

Gracias porque hiciste brillar tu luz en mi corazón para darme la luz del conocimiento de tu gloria en el rostro de tu Hijo; porque me atrajiste a ti y me honraste, haciéndome un miembro de tu familia real y un ciudadano de tu reino; y porque me reclutaste en tu ejército mundial para ser tu testigo. Qué privilegio tan grande es que tú me has destinado a tener una parte, no sólo en tu amor sino también en tus propósitos gloriosos, tanto cercanos como lejanos, y que porque me has equipado para cumplir una parte única en tu búsqueda mundial de personas que se arrepientan, crean y aprendan a vivir para tu gloria. ¡Celebro mi llamado supremo a conocerte y hacerte conocer! Y te alabo por darme tu Espíritu Santo para llenarme y darme poder y por prometerme estar conmigo siempre.

"¡Tú, oh Dios, estás sobre los cielos; tu gloria cubre toda la tierra!"

Usted encontrará ayuda adicional para alcanzar al mundo, dondequiera que se encuentre ahora, dondequiera que se encuentre en el futuro, en: "La alabanza puede ayudarle a demostrar la realidad de Dios en una sociedad secular y materialista," página 131.

Referencias bíblicas (por párrafo)

1. Hechos 17:24; Juan 3:16; Gálatas 4:5–6; 1 Juan 2:2; Hechos 13:47; Apocalipsis 5:8; 2 Pedro 3:9

2. 2 Corintios 4:6; Efesios 2:19; Romanos 12:4–6; Hechos 1:8; Mateo 28:18–20

3. Salmo 57:11

DIA **31** Te exalto porque tú eres eterno e inmutable en tu verdad, en tus atributos y en tu actitud hacia mí y todos tus amados. Estoy tan contenta de que tu ternura persistente une mi corazón a ti para siempre; de que tú que comenzaste tan buena obra en mí la continuarás hasta que esté completa en el día de Cristo Jesús. Tú eres absolutamente fiel y terminarás todo lo que te has propuesto hacer. No abandonarás la obra que has comenzado.

Gracias por darnos promesas de incalculable valor, inmensamente grandes, promesas que se aplican a tu obra en mí, en mis amados, en mi situación, en mi servicio y en el mundo entero, y ni siquiera una sola de tus promesas ha fallado. Te glorifico porque ningún problema humano, sin importar cuán irremediable o imposible, es demasiado difícil para ti. Tú puedes dar vida a los muertos y llamar a existencia aquello que no existe. Así que no necesito tambalearme ante tus promesas o moverme en incredulidad. ¡Lo que tú has prometido eres capaz de realizar!

A ti que eres capaz de guardarnos sin caída y

presentarnos ante tu gloriosa presencia sin
mancha y con gran gozo, al único Dios nuestro
Salvador, sea la gloria, majestad, poder y
autoridad, por medio de Jesucristo nuestro Señor,
antes de todos los siglos, ahora y para siempre.
Amén.

" ¡Bendito sea el Señor, que conforme a sus promesas...
no ha dejado de cumplir ni una sola de
las gratas promesas."

1 REYES 8:56

Referencias bíblicas (por párrafo)

1. Salmo 102:25–27; Hebreos 13:8; Jeremías 31:3; Filipenses 1:6;
   1 Tesalonicenses 5:24

2. 2 Pedro 1:4; 1 Reyes 8:56; Jeremías 32:17,27; Romanos 4:17–21

3. Judas 24–25

PARTE III

La importancia de la alabanza

Para asegurarse de ser persistente en su aventura de alabanza, consideremos más detenidamente la importancia de la alabanza. La Palabra de Dios da aún más razones del porqué es más que una obligación, más que una adición placentera a su caminar con Dios, y del porqué no es opcional, sino esencial. Si comienza a retrasarse en su viaje de alabanza, regrese a las páginas siguientes y deje que el Señor le motive nuevamente.

Por medio de la alabanza usted puede fortalecer su fe.
La alabanza es una forma básica tanto para expresar nuestra fe como para fortalecerla; y la fe fortalecida no es un beneficio pequeño. Desde el principio hasta el fin, la Biblia nos muestra que la fe, o confianza, es la reacción básica que Dios está esperando. La fe mueve a Dios a revelarse a nosotros y a hacer su poderosa obra en nosotros, así como por nosotros. La fe trae la victoria que cambia nuestras circunstancias o la victoria en

medio de circunstancias que no cambian.

No se trata de que la alabanza es una clase de palabras mágicas que nos fortalecen en la fe y manipulan a Dios para que él haga lo que nosotros queremos. En cambio, por medio de la alabanza concentramos nuestra atención en Dios. Fijamos nuestros ojos internos en él con una confianza básica en él. Nuestra alabanza brota de esta simple reacción de fe, esta simple elección de creer a Dios; y por su parte la alabanza aumenta nuestra confianza en él.

Vez tras vez, Warren y yo encontramos que la alabanza es un camino seguro para una fe segura, una fe que descansa en Dios y cuenta con él para obrar. Cuando de una manera u otra nos desviamos del camino de la fe, a menudo la alabanza es la rampa que nos lleva de regreso.

No es raro que caigamos en la desconfianza porque estamos frustrados con archivos llenos de papeles sin terminar, archivos que representan trabajo sin terminar de otras personas.

Una noche estábamos haciendo una caminata de oración por la playa que bordea el puerto de Singapur. De pronto Warren recordó una carta urgente que había dejado para escribirla más tarde. Juntos nos pusimos a lamentarnos, ansiosos sobre los posibles problemas que esto podría causarle a la pareja que estaba esperando la respuesta.

Después de nuestro desvío pesimista, nos pusimos a orar nuevamente. Alabamos a Dios porque él era soberano, porque él era todopoderoso y porque él había prometido obrar en respuesta a la oración. Entonces Warren le pidió al Señor que neutralizara aquella demora, y lo alabó porque de alguna manera él la usaría para bien.

La alabanza nos ayudó a afianzar nuestra fe en nuestro Dios misericordioso y todopoderoso, quien es infinitamente más grande que nuestros fracasos. Al principio escogimos alabar con pequeños incitantes de fe. Luego Dios nos liberó de nuestra incredulidad y renovó nuestra confianza en él. Una vez más la alabanza había sido la rampa que nos llevó al camino de la fe.

La carta pronto estuvo rumbo a su destino. Semanas más tarde recibimos una respuesta de nuestros amigos, los cuales escribieron: "Una semana antes, nosotros no hubiéramos estado listos para sus sugerencias." Dios había usado el retraso de Warren para que la carta llegara a ellos en el momento exacto. ¡Teníamos más razón para alabarle!

Por medio de la alabanza usted puede demostrar su fe en que Dios obrará en el presente como lo hizo en siglos pasados. Recuerde los sufrimientos por los que pasó José: la traición cruel de sus hermanos que lo vendieron como esclavo, las agonías de su alma, las acusaciones falsas, los años de prisión y el olvido del copero, lo cual significó dos años más de prisión. Aun así, Dios permitió todos estos acontecimientos para el bien. Él los usó con el fin de preparar a José para que fuera el primer ministro de la nación más grande de la tierra. ¡Por medio de ellos, él colocó a José en el lugar correcto en el momento correcto para mantener con vida a cientos de miles de personas, incluyendo a José y su familia, durante un hambre terrible y prolongada! Él les dijo a sus hermanos: "Es verdad que ustedes pensaron hacerme mal, pero Dios transformó ese mal en bien" (Génesis 50:20).

Por medio de la alabanza usted puede seguir el ejemplo de Pablo y Silas en el capítulo 16 del libro de Los Hechos. Ellos habían sido golpeados y metidos en la cárcel, donde sus pies estaban sujetos en un cepo. ¡Como para hablar de dolor e incomodidad y razones para posponer la alabanza! Aun así, en aquella prisión miserable ellos oraron y cantaron himnos de alabanza cerca de la medianoche, y de repente el Señor los liberó con un terremoto especial que sucedió exactamente en el momento correcto, en el lugar correcto.

O usted puede seguir el ejemplo de Pablo cuando les escribió a los filipenses. Para entonces él había estado en la prisión por años. Sin embargo, se regocijaba en el Señor, confiado en que su sufrimiento estaba logrando el deseo profundo de su corazón, el progreso del evangelio.

En el siglo veinte como en el primero, la alabanza puede aumentar nuestra fe y soltar el poder transformador de Cristo en nosotros y en nuestras situaciones, así como en las personas cercanas a nosotros y en las que están lejos en otras partes del mundo.

Hace algunos años leí sobre una mujer que comenzó a darle gracias a Dios por su ex-esposo, así como por su alcoholismo y los años de soledad y angustia que ella había padecido. A medida que continuó alabando, se dio cuenta de su actitud farisaica y de superioridad hacia él y de la forma en que había sido una mártir sin gozo, sumergida en compasión de sí misma. Ella confesó su pecado, reconociendo que su orgullo era peor que el alcoholismo de su marido, y siguió alabando y regocijándose.

Al pasar el tiempo, el esposo de esa mujer, a kilómetros de distancia y sin influencia directa de parte de ella, vino a Cristo y fue liberado de su alcoholismo. Él regresó a ella y comenzaron una nueva vida juntos. Para esa mujer, la alabanza la cambió a ella y a su situación.

Incluso en circunstancias problemáticas, o cuando Dios no escoge obrar en maneras espectaculares, la alabanza nos puede ayudar a ver nuestra situación de una manera diferente. Puede producir en nosotros un clima interior reposado y vigorizante.

Y a menudo este cambio de clima dentro de nosotros ayuda a transformar la atmósfera a nuestro alrededor, porque nuestras nuevas actitudes hacen que las personas reaccionen de otro modo a nosotros. Comenzamos a ejercer una influencia creativa y edificante en ellas.

De esta forma la alabanza trae victoria obvia o nos capacita para cambiar las derrotas aparentes (ya sean pruebas dramáticas o irritaciones menores) en victorias desde el punto de vista de Dios. La alabanza desvía nuestra atención de las voces conflictivas que destruyen nuestra fe y bloquean nuestro amor y nos hace sensibles a la guía de Dios para que podamos discernir qué es lo que debemos hacer, si es que hay algo que necesitamos hacer.

La verdadera alabanza es incondicional. No es un intento de manipular a Dios para que produzca los resultados precisos que estamos esperando. En cambio, nos ayuda a aceptar nuestra situación tal como es, ya sea que él la cambie o no. La alabanza continua nos ayuda a llegar al lugar donde podemos decir: "Padre, no quiero que me quites este problema hasta que tú hayas hecho todo lo que quieras hacer por medio de él, en mí y en los demás."

Por medio de la alabanza usted puede ser sensible a la presencia enriquecedora de Dios.

El Salmo 22:3 (La Biblia de las Américas) nos dice que Dios habita entre las alabanzas de su pueblo. Algunas versiones dicen que él "reina" en nuestras alabanzas. Cuando alabamos, estamos haciendo a Dios el rey de nuestras vidas y circunstancias, y él manifiesta su presencia en una manera especial.

Así como las ondas de la televisión nos rodean todo el tiempo, la presencia de Dios está siempre en nosotros y con nosotros, aunque no siempre sea evidente. La alabanza puede mover el interruptor que, por así decirlo, prende esa poderosa y gloriosa presencia, y nos sintoniza con su suficiencia. Nos llenamos de él hasta rebozar. Nuestras vidas se vuelven un escenario donde él, el actor principal, se revela a sí mismo en amor y poder, bendiciéndonos y bendiciendo a las personas relacionadas con nosotros.

En 1960 mi primer esposo, Dean Denler, fue hospitalizado en Hong Kong con cáncer terminal. En ese momento, la alabanza tomó una nueva importancia en la vida de Dean. Él decidió que por medio de la alabanza, haría que su habitación del hospital sería un lugar especial para morada de Dios. "Estaré alabando a Dios por toda la eternidad," me dijo, "pero sólo durante mi tiempo en la tierra puedo traerle gozo alabándolo en medio del dolor."

Unos meses más tarde un amigo cercano estaba oficiando en el funeral de Dean. Él les dijo a los que estaban congregados allí: "La habitación de Dean se convirtió en un santuario, su cama en un púlpito y todos los que fueron para consolarlo fueron bendecidos."

La alabanza no le trajo la sanidad del cáncer a Dean. Pero por medio de la alabanza y de la fe, él llevó la reconfortante presencia de Dios a una situación dolorosa, honrando a Dios en su muerte así como en su vida.

Por medio de la alabanza usted puede activar el poder de Dios. Mientras usted ora y alaba al Señor, usted puede dejar en libertad a Dios para que revele tanto su poder como su presencia. La oración ha sido llamada "el pequeño nervio que mueve la mano de Dios" (fuente desconocida). Cualquier forma de oración sincera y de fe, dirige el poder de Dios hacia nuestras vidas y situaciones, pero esto es especialmente cierto de una oración mezclada con alabanza.

Su alabanza y su acción de gracias pueden ayudar a formar un camino llano y nivelado, en el que el Señor puede moverse sin obstáculos para liberar y bendecir. Vemos esto en el Salmo 68:4: "Canten a Dios, canten salmos a su nombre; aclamen a quien cabalga por las estepas, y regocíjense en su presencia. ¡Su nombre es el Señor!" Y el Salmo 50:23 dice: "Quien me ofrece su gratitud, me honra; al que enmiende su conducta le mostraré mi salvación."

Medite en la maravillosa historia en 2 Crónicas 20. Es un ejemplo impresionante de lo que sucede cuando el pueblo de Dios ora con un énfasis mayor en la alabanza.

En este capítulo se relata una batalla dramática con increíbles obstáculos en contra del pueblo de Dios. El personaje principal, el rey Josafat, está aterrorizado; así que reúne al pueblo para orar. Él comienza con alabanza, exaltando a Dios como soberano sobre todos los reinos de la tierra, tan poderoso que nadie puede resistirlo; y lo alaba por las victorias pasadas. Entonces presenta delante del Señor su problema urgente: "Nosotros no podemos oponernos a esa gran multitud que viene a atacarnos. ¡No sabemos qué hacer! ¡En ti hemos puesto nuestra esperanza!" (versículo 12). La respuesta: "No tengan miedo ni se acobarden…porque la batalla no es de ustedes sino mía" (versículo 15). Y la respuesta: adoración y más alabanza. Note cómo el rey Josafat colocó esta simple petición de ayuda en medio de dos porciones grandes de alabanza y adoración.

Al día siguiente el ejército avanzó para enfrentarse al enemigo, creyendo y alabando a Dios. "Tan pronto como empezaron a entonar este cántico de alabanza" (versículo 22), el Señor puso emboscadas contra las fuerzas del enemigo, y fueron totalmente destruidas. Ni un soldado escapó con vida.

¿Cuál fue el resultado de la batalla? Gran enriquecimiento. Tardaron tres días en recoger los tesoros que encontraron en el campamento del enemigo.

¿Cuáles fueron las llaves que movieron la mano poderosa de

Dios? Mucha alabanza, una petición simple, fe en la Palabra de Dios, y luego como señal de esa fe, adoración y todavía más alabanza. Como en una batalla anterior durante el reinado del abuelo de Josafat, "los de Judá salieron victoriosos porque confiaron en el Señor" (2 Crónicas 13:18).

La alabanza puede desempeñar un papel muy significativo en cuanto a mover la poderosa mano de Dios en su vida, trayendo no sólo liberación sino también enriquecimiento para usted y gloria a su nombre.

Por medio de la alabanza usted puede beneficiarse más de sus pruebas.

¿Por qué debe alabar y dar gracias en medio de sus pruebas? ¡Seguramente no porque todas las cosas que le suceden son, en sí mismas, buenas! La razón para alabar a Dios en situaciones difíciles se encuentra en Romanos 8:28: "Ahora bien, sabemos que Dios dispone todas las cosas para el bien de quienes lo aman, los que han sido llamados de acuerdo con su propósito."

C. H. Welch ha explicado esta verdad de la siguiente manera:

Tal vez el Señor no ha planeado definitivamente que esto me sobrecoja, pero ciertamente lo ha permitido. Por lo tanto aunque era un ataque de un enemigo, para el tiempo en que me alcanzó, ya tenía el permiso del Señor, y por eso todo está bien. Él hará que obre para bien juntamente con todas las experiencias de la vida.

La alabanza puede aumentar su comprensión de que las circunstancias angustiantes son bendiciones de Dios que están escondidas. Sus pruebas desgarran la frágil tela de su autosuficiencia. Esto da lugar a que el Espíritu de Dios entreteja en su vida una confianza verdadera y sólida, la clase de confianza que Pablo expresa en Filipenses 4:13: "Todo lo puedo en Cristo que me fortalece."

Así como el fuego derrite la plata sin refinar, trayendo las impurezas a la superficie, las pruebas traen la "escoria" a la superficie de su vida. Cuando usted alaba a Dios en medio de una prueba, coopera con su plan para remover la escoria; cuando usted se queja, resiste su plan y añade nuevamente las impurezas a su carácter. Esto significa que Dios, para llevar a cabo sus buenos propósitos, tal vez tiene que enviar o permitir otra prueba; puede demorar la realización de su buen plan para usted y sus seres queridos.

Por medio de la alabanza usted concentra su atención en Dios. Usted lo reconoce como la fuente de poder para triunfar. Usted comienza a mirar sus problemas desde una nueva perspectiva, los compara con su poderoso e ilimitado Dios. Los ve como granos de arena en vez de como montañas, como oportunidades en vez de como obstáculos, como escalones en vez de como piedras de tropiezo. Usted tiene parte en hacer de ellos el preludio de sus victorias, la materia prima para los milagros de Dios.

La alabanza le ayuda a obedecer el mandamiento de Dios en Santiago 1:2–4: "Hermanos míos, considérense muy dichosos cuando tengan que enfrentarse con diversas pruebas, pues ya saben que la prueba de su fe produce constancia. Y la constancia debe llevar a feliz término la obra, para que sean perfectos e íntegros, sin que les falte nada." La alabanza es un catalizador que acelera el proceso madurador de Dios en su vida.

La alabanza puede ayudarle a conocer a Cristo como su vida
En Colosenses 3:4 leemos: "Cristo…es la vida de ustedes." Yo encuentro que ésta es una de las verdades más significativas en todo el Nuevo Testamento. El Señor comenzó a revelarme su significado hace años por medio de un hombre de Dios quien hizo la siguiente declaración: "No es sólo cierto que mi vida es de Cristo, sino también que mi vida es Cristo." ¡Que maravillosa verdad! ¡Cristo es mi vida! ¡Y la suya! ¡Piense en quién es Cristo y cómo es él! Entonces piense en lo que significa tenerlo a él como su vida interior, lo que significa en cuanto a ser obediente y amoroso, ser adecuado, estar alegre. Una y otra vez, encuentro

alivio y fortaleza cuando simplemente digo: "Gracias, Padre, porque Cristo es mi vida."

Encuentro que la alabanza es una ayuda tremenda para conocer la verdad. La alabanza estimula mi fe, ayudándome a creer que algo tremendo ha ocurrido en mi interior; que Dios ha infundido en mí la persona y la vida de su Hijo. Al alabar al Señor por quién su Hijo es, puro y santo, amoroso y poderoso, puedo alabarlo porque él es esto en mí.

Dios ha usado el capítulo 6 de Romanos para aumentar grandemente mi conocimiento de esta verdad transformadora, y año tras año el Espíritu Santo profundiza mi entendimiento de lo que Pablo está diciendo. Aún estoy aprendiendo más, pero quisiera compartir con usted cómo este capítulo me ha ayudado.

¿Encuentra usted a Romanos 6 algo confuso? ¡De ser así, no está solo! ¡También lo es para mí! Y Warren me dice que él oró de vez en cuando por nueve años acerca de lo que significaba antes de que el Señor le ayudara a entender este capítulo. Así que estoy orando que el Espíritu Santo use los párrafos siguientes para darle unos vislumbres de lo que Pablo está diciendo, o para que algunos de ustedes profundicen su ya rico conocimiento de sus verdades. Puede ser que no sea la lectura mas fácil. Así que antes que usted comience, ¿por qué no ora para que el Espíritu Santo le enseñe?

Antes de comenzar, tenga presente que este capítulo no nos enseña que estar "muerto al pecado" significa que el pecado ya no nos afecta, que ya no nos atrae. No nos dice que nos veamos como cadáveres que, cuando nos den patadas o golpes, no sentiremos nada, no nos enojaremos, no regresaremos el golpe. Este capítulo dice que estamos muertos al pecado, pero a continuación, en la misma oración, nos dice que estamos vivos con la vida resucitada de Cristo.

Vemos esto en el versículo 11: "Considérense muertos al pecado, pero vivos para Dios en Cristo Jesús."

Echémosle un vistazo al contexto de este versículo. Pablo ha estado hablando de la clase de personas que somos, no en cuanto a nuestro nacimiento natural sino por medio de nuestro nacimiento espiritual. Cuando nacimos del Espíritu Santo, nos volvimos uno con Cristo; nos unimos a él.

¿Qué significa esto para nosotros? Significa que nos volvimos participantes de la muerte de Cristo y todos sus beneficios; fuimos exonerados de toda nuestra culpa, porque "morimos al pecado." Ya no vivimos bajo el dominio del pecado.

Pero el milagro no terminó ahí. Porque Cristo resucitó a una vida nueva, nosotros fuimos resucitados con él como nuevas personas que tienen una vida nueva. Dios nos libró del reino de Satanás, de pecado y muerte espiritual, y nos llevó al reino de

Cristo, el reino llamado "nueva vida." Aquí en este reino estamos vivos con la misma vida de nuestra Señor resucitado. Y porque estamos vivos con su vida, somos justos con su justicia (2 Corintios 5:21).

Así que hemos terminado nuestra relación con el pecado, la culpa y la muerte y hemos entrado en una relación íntima y eterna con Dios. Podemos relacionarnos con él en una forma totalmente nueva. Estamos muertos al pecado y vivos para Dios.

Pero, ¿qué significa estar muertos al pecado? La muerte nunca significa ser aniquilado. Significa estar separado. Así que en nuestro ser interior hemos sido separados del pecado; el pecado ya no es nuestra naturaleza y ya no necesitamos dejarle ser nuestro amo. De acuerdo con el capítulo 7 de Romanos, el pecado todavía mora en nosotros; los viejos patrones pecaminosos y su potencial aún están escritos en nuestras mentes y cuerpos. Pero tenemos que mirarnos a nosotros mismos a la luz de la cruz y de la tumba vacía. Éstas están erguidas dentro de nosotros como poderosas barreras entre la pecaminosidad que mora en nosotros y la nueva persona que verdaderamente somos en nuestro ser interior. Debemos dejarles servir como un poderoso bloqueo, que separa nuestro nuevo ser de lo que resta de nuestras viejas tendencias pecaminosas. La cruz y la tumba vacía forman un límite inmóvil entre quiénes éramos y en quién nos hemos convertido, entre nuestro pasado reino de pecado y culpa y nuestro nuevo reino de justicia y vida.

Por lo tanto estamos muertos al pecado y vivos para Dios. Esto no es una fantasía. Es un hecho. Es la manera en que las cosas son en nuestra verdadera naturaleza, en nuestro ser interior, donde habita el Espíritu Santo, con Cristo como nuestra vida.

No es que el pecado ya no nos atrae. El pecado lucha con el Espíritu Santo dentro de nosotros por el control de nuestros cuerpos y nuestras personalidades. Y el pecado es astuto. Se disfraza de amo que merece nuestra lealtad. Se presenta como una parte esencial de nosotros, pretendiendo ser nuestra verdadera naturaleza, interesada en lo que es mejor para nosotros. Entonces si cedemos a sus exigencias, o nos tragamos su anzuelo, acalla nuestra conciencia o nos llena de culpa, castigándonos aun después de habérselo confesado al Señor. En una infinidad de maneras el pecado interno nos causa aflicción, luchas y derrotas.

Pero desde el punto de vista de Dios, no es nuestro nuevo y verdadero ser el que peca, sino el pecado que aún habita en nosotros (Romanos 7:17–20). Nuestros pecados brotan de nuestras viejas tendencias pecaminosas, que ya no son nuestra verdadera identidad. Su verdadero ser, mi verdadero ser, odia el pecado y está aliado contra él. Su verdadero ser se angustia cuando el pecado prevalece, y anhela que toda su personalidad se amolde a la imagen de Cristo. Su verdadero ser está muerto al pecado y vivo para Dios.

Imagínese qué sucederá cuando usted se muera físicamente. Su espíritu, su personalidad, su nuevo y verdadero ser irá inmediatamente para estar presente con Cristo (2 Corintios 5:8). Usted dejará atrás todas sus tendencias pecaminosas, todos sus viejos patrones de vida. Y cuando Cristo regrese, él le dará su nuevo cuerpo espiritual, imperecedero, glorioso y maravilloso; libre totalmente hasta del vestigio más pequeño del pecado y la muerte (1 Corintios 15:42–44).

¡Piense en la libertad de la culpa y del poder del pecado que usted experimentará entonces! ¡Imagínese la manera en que usted estará completamente muerto al pecado y vivo para Dios! Entonces permita que esta verdad se arraigue en usted: En su ser interior, como una "nueva creación" por medio de la vida de Cristo en usted, ¡esto ya le ha sucedido espiritualmente! Esto no es un cuento. Dios dice que es verdad, por lo tanto es verdad.

Dios quiere que lo creamos. Dios nos pide que nos consideremos a nosotros mismos como estamos: "muertos al pecado, pero vivos para Dios en Cristo Jesús." Él quiere que confiemos en el hecho de que tenemos una nueva naturaleza, una nueva identidad. Ya no debemos identificarnos con nuestra vieja naturaleza, con quien éramos antes, como si no hubiera sucedido un cambio radical dentro de nosotros. Como Cristo es uno con el Padre en vida y poder, así somos nosotros uno con Cristo en vida y poder. El pecado ya no es nuestra naturaleza; ya no es nuestro amo. Somos personas nuevas, muertas al pecado y vivas para Dios.

Piénselo de esta manera. Es como si en su ser interior usted era antes una oruga; entró al capullo de la muerte de Cristo y por medio de su resurrección surgió como una mariposa. Ahora, poco a poco mientras sigue a Cristo, sus maneras de pensar, de sentir, de escoger y de vivir también están siendo liberadas y transformadas. Y usted espera el día cuando su cuerpo, que está muriendo lentamente, con sus debilidades y tendencias pecaminosas, será cambiado en un cuerpo radiante y glorioso, como el de nuestro Señor resucitado.

Darle gracias a Dios y alabarlo por estos hechos, le ayudará a verse como Dios lo ve. Esto es vital, porque vivimos como nos vemos a nosotros mismos que somos. Estas verdades no simplemente le hacen sentirse mejor, sino que son el fundamento para una vida de completa obediencia.

Usted simplemente puede decir: "Gracias, Señor, porque he

sido crucificado con Cristo, y ya no vivo yo sino que Cristo vive en mí. Lo que ahora, en este momento, vivo en el cuerpo, lo vivo por la fe en el Hijo de Dios, quien me amó y dio su vida por mí (Gálatas 2:20). Te entrego todo mi cuerpo, como un instrumento de justicia, para hacer tu voluntad. Te alabo porque Cristo en mí es infinitamente más grande que todo el poder del pecado en mí. Gracias porque él me ha liberado de la condenación del pecado y porque ¡su vida resucitada es más poderosa que la atracción del pecado que nos arrastra hacia abajo!"

Alabe al Señor con frecuencia por la enorme diferencia que él ha hecho en usted por medio de su nuevo nacimiento y la vida espiritual, nueva y eterna, que es suya en Cristo. Tal alabanza puede ayudarle a verse a usted mismo como una nueva persona, y por lo tanto, a vivir la vida nueva que Dios tiene en mente para usted.

El Espíritu Santo quiere saturar nuestras mentes con las verdades que él ha revelado en la Biblia, incluyendo estas verdades en el capítulo 6 de Romanos. Mientras meditamos en ellas y respondemos con alabanza a ellas, él nos libra de pedirle a Dios lo que ya nos ha dado. Él quiere que oremos; la oración es básica para que él obre. Pero quiere que oremos; con entendimiento y con alabanza.

¿Cómo oramos frecuentemente? Suplicamos por victoria cuando Cristo está en nosotros como nuestra vida que es más que vencedora. Rogamos por el Espíritu Santo como si él no estuviera ya morando en nosotros, como si él no estuviera deseando intensamente nuestro consentimiento para llenar, controlar y producir su fruto en nuestras vidas. Oramos por recursos espirituales y emocionales como si fueran beneficios externos. Olvidamos que son parte de nuestro derecho de nacimiento en Cristo, porque en él Dios nos ha bendecido con toda posible bendición espiritual, con todo lo que necesitamos para la vida y la santidad (Efesios 1:3; 2 Pedro 1:3). Clamamos al Señor pidiéndole que nos dé cosas que ya tenemos porque él está en nosotros. Él dice: "Yo soy el pan de vida, el agua de vida, la luz de la vida; yo soy el camino, yo soy la verdad, yo soy la resurrección y la vida, yo soy lo que tú necesitas" (Juan 6:35; Juan 7:37; Juan 8:12; Juan 14:6; Juan 11:25). Él quiere que nosotros respondamos: "Gracias, Señor, ¡tú eres! Tú eres mi suficiencia en este momento, en esta hora, en este día. Estoy contando con tu vida en mí, tu amor y paciencia, tu amabilidad, guía y poder, para suplir mis necesidades y darles abundantemente a otros."

Cuando alabamos con acción de gracias, profundizamos nuestro conocimiento de Cristo en nosotros como nuestra fuente. Él nos llena y vuelve a suplir nuestros recursos constantemente, a medida que nos entregamos en amoroso servicio a otros.

C. S. Lewis escribió que un auto está hecho para andar movido por gasolina; no andará adecuadamente con nada más. Del mismo modo, Dios nos hizo para andar movidos por él. Él es el combustible con el que nuestro espíritu está diseñado a andar y el alimento con el que nuestro espíritu está diseñado a nutrirse. Por lo cual no tiene sentido que tratemos de encontrar liberación interior, poder y realización aparte de Dios. No existe tal cosa. Y Dios nos ha dado su vida y su poder por medio de nuestra unión interna con Cristo Jesús nuestro Señor.

Al dirigir nuestra atención a Cristo, enfocándonos en él y su suficiencia, ¿cómo podemos dejar de alabarlo porque él es nuestra vida?

La alabanza puede ayudarle a demostrar la realidad de Dios en una sociedad secular y materialista.

¿Cuáles son los puntos de vista prevalecientes de nuestra época? Mucha gente ve la vida con los lentes del naturalismo, la creencia de que todas las cosas se pueden explicar por causas naturales y que si hay una región sobrenatural, no tiene ningún efecto en el mundo natural o en nuestro diario vivir.

Una rama mayor de este pensamiento es el secularismo, que

es uno de los puntos de vista sobre la vida más ampliamente acogidos en nuestros días. El secularismo dice que Dios y su voluntad no forman parte de la vida. Las únicas cosas que realmente importan son de naturaleza humana y materialista. Así que la persona secular, siendo indiferente a Dios o rechazándolo realmente, vive solamente para el mundo presente y sus recompensas.

Mientras usted alaba y ora, hace que sus circunstancias y su vida se conviertan en un tubo de ensayo que demuestra la existencia de un Dios personal, un Dios que está presente e involucrado, y que controla el universo natural. El hecho de que él interviene y reina sobre sus situaciones y preocupaciones cotidianas se vuelve cada vez más claro para usted. Esto elimina puntos de vista acerca de la vida que son falsos y que todavía se aferran a su manera de pensar. También hace a Dios más obvio para la gente que lo rodea.

La alabanza (y estamos hablando de la alabanza arraigada en la Palabra de Dios, alabanza concentrada en la gloria de Dios) también puede ayudar a librarlo de sus valores seculares. Dirige su atención a los valores espirituales y eternos; lo aleja de la mentalidad de nuestra época de placer y éxito, que resiste todo dolor, disgusto y demora. Y lo mantiene alejado de tratar de hacer que Dios le rinda cuentas por lo que él hace o permite.

La alabanza puede librarlo de desperdiciar sus energías especulando sobre cómo exactamente cada circunstancia en su vida puede formar parte del plan de Dios. Por medio de la alabanza y la acción de gracias, usted pone su sello de aprobación en los propósitos secretos de Dios. Usted hace esto no porque puede comprender todas las razones o los detalles, sino porque confía en su amor y su sabiduría. Usted confirma las palabras de Pablo en Romanos 11:33-34:

> ¡Qué profundas son las riquezas de la sabiduría y del conocimiento de Dios! "¡Qué indescifrables sus juicios e impenetrables sus caminos! ¿Quién ha conocido la mente del Señor, o quién ha sido su consejero?"

**La alabanza puede ayudarle a vencer a
Satanás y sus estrategias ingeniosas.**

¿Quién se hubiera imaginado que el hombre y la mujer modernos, aun los altamente educados, se rebelarían contra el vacío espiritual producido por las filosofías modernas, y que en su rebelión se entregarían al espiritismo, al ocultismo y a la adoración satánica? Satanás inspiró estas filosofías; y a medida que la gente las abandona, él los dirige a un mayor cautiverio espiritual.

La mayoría de los que somos verdaderos creyentes nos

apartamos de semejante cooperación obvia con Satanás. ¿Entonces qué hace él? Busca mantenernos preocupados con él en formas que parecen estratégicas para nuestra guerra espiritual. Promueve un interés excesivo en él, en sus malignos asistentes y en cómo los tiene organizados.

Es importante conocer a nuestro enemigo. La Biblia nos da información vital sobre Satanás y sus cómplices, y podemos aprender mucho de los guerreros espirituales con experiencia, que basan su lucha en las Escrituras. Pero Satanás trata de distraernos. Él busca tenernos centrados en el enemigo en vez de estar centrados en Cristo. Él nos estimula a ahondar en detalles intrigantes sobre él y sus secuaces, detalles que no necesitamos saber para derrotarlo, detalles que no son revelados en la Biblia y que pueden ser simples especulaciones o hasta mentiras de espíritus malignos. De un modo u otro Satanás trata de fascinarnos, o hasta de obsesionarnos, con él, con los demonios y con la influencia demoníaca.

Un pastor cuenta como él y su congregación fueron engañados para que les dieran a los demonios prominencia inmerecida en sus servicios. Él dijo que una enorme cantidad de demonios comenzó a ir a las reuniones; demonio tras demonio tenía que ser echado fuera de las personas. Después de todo, los espíritus malignos son como su padre el diablo. Son orgullosos, se sienten adulados cuando se les presta mucha atención, les gusta estar en primer plano. Entonces este pastor y su congregación dejaron de enfocarse en los demonios y se concentraron en la alabanza que exaltaba al Señor. Y encontraron que la mayoría de sus problemas con la influencia demoníaca desapareció.

Como alguien dijo: "Es un grave error el subestimar el poder de Satanás; es una tragedia el sobrestimarlo," o el ocuparse demasiado con él.

Al aumentar la influencia y opresión demoníaca, también lo hace la urgencia de concentrar nuestra atención en Jesús como vencedor. Jesús vino al territorio de Satanás y ganó la victoria sobre él a cada paso de la contienda, tanto en su propia vida como en la de personas a las que liberó de los demonios. Finalmente, por lo que hizo en la cruz, él despojó de sus poderes a las autoridades demoníacas; las exhibió como inútiles y derrotadas, al triunfar sobre ellas (Colosenses 2:15). Entonces, por medio de la resurrección Dios demostró su poder incomparable y absoluto, poder que ahora está disponible para nosotros, "que Dios ejerció en Cristo cuando lo resucitó de entre los muertos y lo sentó a su derecha en las regiones celestiales, muy por encima de todo gobierno y autoridad, poder y dominio, y de cualquier otro nombre que se invoque, no sólo en

este mundo sino también en el venidero" (Efesios 1:20–21).
Dios ha colocado todas las cosas bajo los pies de nuestro Señor
Jesucristo, y eso incluye a Satanás y a cada uno de los demonios
asociados con él.

    ¿Cómo se relaciona esto con la alabanza? La alabanza es un
arma poderosa contra Satanás. Satanás odia la alabanza. Le
recuerda que, a pesar de todos sus esfuerzos malvados a través de
los tiempos, Dios es aún supremo. Le recuerda el hecho de su
inferioridad y sus limitaciones.

    Cualquier alabanza a Dios hace fracasar a Satanás. Pero para
que la alabanza de usted sea aún más poderosa en contra de él,
únala a la Palabra de Dios y especialmente a verdades que exaltan
a Jesús como el vencedor. Incluya alabanzas por la sangre de
Cristo, la victoria ganada en la cruz, y el triunfo de la
resurrección. Exalte a su Señor resucitado y su gloriosa posición.
Proclame la grandeza de su nombre con una fe triunfante. Tal
alabanza es poderosa para derrotar a Satanás y sus hábiles
engaños.

    Nosotros tal vez sepamos o no los nombres de nuestros
oponentes demoníacos, o su rango; tal vez conozcamos muy bien
o no las prácticas de ocultismo, o las tácticas de la Nueva Era, o
simplemente lo que hacen los devotos al satanismo. Pero con la
alabanza podemos derrotar a nuestro enemigo; podemos hacer

fracasar sus propósitos y hacer progresar los de nuestro maravilloso Señor.

Hace algunos años, estaba ayudando a una mujer joven, llamada Betty, que creció en una familia que adoraba ídolos y constantemente buscaba aplacar a los espíritus malignos. Cada vez que regresaba a su casa, ella sentía una fuerte opresión demoníaca. Así que estudiamos la Palabra de Dios sobre Satanás y sus obras. Pero aún más, estudiamos sobre nuestro vencedor y sobre cómo vencer al enemigo con la Palabra, con oración y alabanza, poniéndonos la armadura de Dios. La próxima vez que Betty regresó a su hogar, se fortaleció con las verdades que había aprendido, así como con la alabanza al Señor Jesucristo, por su triunfo sobre Satanás y toda la multitud de sus ayudantes malvados, y por su victorioso poder. Y Dios la protegió de la más mínima opresión demoníaca. Ella regresó radiante de alegría.

Podemos poner en práctica el Salmo 149:6 en nuestra guerra espiritual, mientras nos regocijamos en el triunfo de Dios sobre nuestro enemigo: "Que broten de su garganta alabanzas a Dios, y haya en sus manos una espada de dos filos."

Por medio de la alabanza usted puede glorificar y agradar a Dios. Por medio de la alabanza usted le da a Dios algo que nadie más en el cielo o en la tierra puede darle: el amor y la adoración de su corazón. Él lo escogió antes de crear el mundo; lo diseñó como un original exclusivo para que usted fuera una persona especial como ninguna otra; lo hizo para él mismo. Y él ha hecho planes para tener una relación íntima con usted por toda la eternidad. Este Dios no es indiferente a su reacción hacia él. Su alabanza le hace feliz. Su negligencia lo entristece.

¿Sabía usted que la alabanza puede ayudarle a alcanzar su destino, su propósito supremo en esta vida y la próxima? El Catecismo de Westminster condensa volúmenes de verdades bíblicas cuando dice:

La meta suprema del hombre es glorificar a Dios y disfrutarlo para siempre.

Por medio de la adoración, la alabanza y la acción de gracias usted ministra directamente a Dios, quien busca personas que lo adoren. Ésta es la razón más convincente para la alabanza.

Dios no se goza con su alabanza porque es vanidoso y le gusta ser el centro de atención. Él se goza porque la alabanza es parte indispensable de nuestra relación con él, el creador y soberano supremo que es exaltado por sobre todas las cosas. Dios es santo, infinito y todopoderoso, y usted y yo somos moléculas en un vasto universo que recibimos de él vida, aliento y todas las cosas. Así que la adoración, la alabanza y la acción de gracias traen un realismo necesario a nuestra comunión con él. Ellas hacen posible una relación verdadera, profunda y mutuamente satisfactoria.

¿Pero se deleita Dios en toda alabanza?

Algunas veces la gente trata de unir la alabanza con una vida indiferente o voluntariosa, esperando recibir a cambio un estímulo emocional o una recompensa especial visible. Y algunas veces, incluso un cristiano desobediente puede sentirse animado a alabar a Dios en un grupo de adoración, o puede experimentar un momento de gran emoción mientras escucha casetes de alabanza. Después de todo, ¡cuando los paganos adoran a dioses falsos pueden experimentar momentos de éxtasis! Pero ni el cristiano desobediente, ni el pagano, honran al Dios verdadero y viviente. Así que, ¿cómo podría agradar a Dios la alabanza de esas personas?

La adoración es más que un estímulo emocional. La adoración incluye el ofrecernos a Dios, para ser sus siervos y para hacer su voluntad, nada más ni nada menos. Significa que hemos cambiado nuestras metas radicalmente. Escogemos metas básicas en la vida centradas en Dios: conocerlo mejor, amarlo con todo nuestro ser, hacer su voluntad a cualquier costo, glorificarlo, y agradarlo.

Un amigo mío, que sirve a Cristo como profesional en un país restringido, encontró una cita de Amy Carmichael que dice:

"Oh Señor Jesús, mi amado, que yo sea un gozo para ti." Ella ha hecho de esto su mayor y constante petición de oración. Por encima de su deseo de casarse (es soltera y no muy joven); por encima de su deseo de éxito; por encima de su deseo de ver a sus amigos y seres queridos, que están a medio mundo de distancia, ella ha escogido este deseo supremo: "Que yo sea un gozo para ti." Eso es adoración.

En la adoración usted se postra humildemente delante del Señor, entregándosele a él tanto como sabe hacerlo en ese momento de su vida. De tal entrega y adoración fluye la clase de alabanza que enteramente honra, glorifica y deleita a Dios. De ellas fluyen no sólo sus momentos establecidos de alabanza, sino también, al pasar las horas, momentos de alabanza espontánea, silenciosa o hablada, según la situación lo requiera. Usted piensa en quién es Dios o en algo que él ha hecho. Entonces su corazón rebosa de adoración y gratitud, como lo hizo Pablo en 1 Timoteo 1:17, cuando cambió la dirección de su pensamiento con las palabras: "Por tanto, al Rey eterno, inmortal, invisible, al único Dios, sea honor y gloria por los siglos de los siglos. Amén."

O usted le da gracias a Dios y lo alaba aunque sus sentimientos se resistan en vez de ayudarle. Está bien si su alabanza brota de una vida que tiene luchas, una vida que todavía está privada de la gloria de Dios, una vida que tiene derrotas que requieren confesión y una vida que se desliza a períodos emocionales bajos. Esto es parte de que somos humanos en un mundo perdido, esperando el futuro glorioso que Dios tiene planeado para nosotros, de una vida en una nueva tierra en un cuerpo más glorioso de lo que nos podemos imaginar.

Puede ser que a menudo su alabanza sea gozosa y entusiástica. Pero Dios no se goza de su alabanza teniendo en cuenta cuán ferviente y feliz usted se sienta. Como dijo C. S. Lewis, nosotros podemos honrar a Dios más en nuestros puntos bajos que en nuestros puntos altos. Usted puede brindarle un gozo especial cuando se encuentra deprimido o destruido emocionalmente, cuando usted mira alrededor, a un mundo de donde parece que Dios ha desaparecido, y escoge confiar en él y alabarlo a pesar de cómo se siente.

Su adoración y alabanza enriquecen todo lo que Dios quiere hacer por medio de su vida. A. W. Tozer escribió:

Estamos aquí para ser adoradores en primer lugar, y trabajadores sólo en segundo lugar.... El trabajo hecho por un adorador tendrá la eternidad en él.

A medida que llene su vida con alabanza, Dios se le revelará en una forma nueva, y no sólo a usted sino también por medio de usted a otras personas. Cada vez más, en cada situación, usted esparcirá su fragancia.

¿Cuál es nuestra meta suprema? "Glorificar a Dios y disfrutarlo para siempre" (Catecismo de Westminster). Este es nuestro llamado supremo, nuestro destino. Y la alabanza es una de las maneras más grandes y más importantes de cumplirlo.

* A. W. Tozer, *Gems from Tozer [Joyas de Tozer]* (Send the Light Trust, 1969), 7.

PARTE IV

Actos de alabanza

SU ACTO MÁS BÁSICO DE ADORACIÓN

Señor, soy tuya. Cualquiera que sea el costo, que tu voluntad sea hecha en mi vida. Me doy cuenta de que no estoy en la tierra para hacer lo que yo quiera o buscar mi propia realización o mi propia gloria. No estoy aquí para satisfacer mis deseos, para aumentar mis posesiones, para impresionar a las personas, para ser popular, para probar que soy alguien importante o para promoverme a mí misma. Ni siquiera estoy aquí para ser competente o tener éxito de acuerdo con las normas humanas. Estoy aquí para agradarte.

Me ofrezco a ti, porque tú eres digno. Todo lo que soy o espero ser, te lo debo a ti. Soy tuya por creación, y cada día recibo de ti vida y aliento y todas las cosas. Y soy tuya porque me compraste, y el precio que pagaste fue la preciosa sangre de Cristo. Solamente tú, el Dios trino, eres digno de ser mi Señor y dueño. Me entrego a ti, mi misericordioso y glorioso Padre celestial; al Señor Jesús, quien me amó y se dio a sí mismo por mí; al Espíritu Santo y su misericordiosa influencia y su poder.

Todo lo que soy y todo lo que tengo te lo doy a ti.

Te doy toda rebelión que haya en mí, que resista el hacer tu voluntad. Te doy mi orgullo y mi dependencia propia, que me dicen que puedo cumplir tu voluntad en mi propio poder, si me esfuerzo lo suficiente. Te doy mis temores, que me dicen que nunca podré hacer tu voluntad en ciertas áreas de mi vida. Te permite que me impartas la energía necesaria para crear en mí, momento a momento, tanto el deseo como el poder para cumplir tu voluntad.

Te doy mi cuerpo y cada uno de sus miembros, todo mi ser interior: mi mente, mi vida emocional y mi voluntad; mis seres queridos, mi matrimonio o mis esperanzas de un matrimonio, mis habilidades y dones, mis puntos fuertes y débiles, mi salud, mi posición social (alta o baja), mis posesiones, mi pasado, mi presente y mi futuro, cuando y cómo iré a mi hogar celestial.

Estoy aquí para amarte, para obedecerte, para glorificarte. ¡Oh mi amado, que yo sea un gozo para ti!

¿No está usted agradecido?

¿No está usted agradecido por el gozo y el privilegio de alabar a nuestro maravilloso Dios, ¡el más bello, generoso y digno de confianza de todos los seres?

Mientras usted pasa por estos treinta y un días de alabanza, mes tras mes, disfrutará más plenamente la inmensa maravilla de quién es Dios. Él a cambio le enriquecerá y renovará, y encontrará un gozo especial en usted.

A medida que el Señor dirige su corazón a más aspectos de quién es él y lo que él hace, tal vez quiera comenzar a crear párrafos adicionales de alabanza. Usted puede tomar ideas de las Escrituras y de otras fuentes, tales como sermones, canciones, citas y poemas.

Así que ofrezcamos continuamente a Dios, por medio de Jesucristo, un sacrificio de alabanza, es decir, el fruto de los labios que confiesan su nombre.

(Hebreos 13:15)

Una invitación a continuar

Usted ha completado ahora su primer viaje de alabanza de treinta y un días. ¿Por qué no celebra cuánto esto ha significado para Dios volviendo a leer: "Por medio de la alabanza usted puede glorificar y agradar a Dios," página 137? ¿No es ésta una gran motivación para continuar alabando, comenzando otro viaje de treinta y un días?

Muchas personas viajan a través de los "31 días de alabanza," en la parte II, mes tras mes, y encuentran que el viaje es mejor cada vez que lo hacen.

Le invito a que se una a ellas.